Ljubav:
Ispunjenje Zakona

Ljubav:
Ispunjenje Zakona

Dr. Jaerock Lee

Ljubav: Ispunjenje Zakona Dr. Jaerock Lee
Nakladnik: Urim Books (Predstavnik: Kyungtae Noh)
73, Yeouidaebang-ro 22-gil, Dongjak-gu, Seul, Koreja
www.urimbooks.com

Sva prava pridržana. Ni ova knjiga, niti njezini dijelovi ne smiju se reproducirati niti u bilo kojem obliku, pohranjivati na računalni sustav elektroničkim, mehaničkim putom, fotokopiranjem, bez prethodnog pisanog odobrenja izdavača.

Osim ako nije drukčije naznačeno, svi citati iz Svetog pisma preuzeti su iz Biblije Kršćanske sadašnjosti, Zagreb, 2008. ®, autorska prava © prvo izdanje u vlastitoj nakladi izdavača Kršćanska sadašnjost, Zagreb, 2008. Odobreno korištenje. Korišteno s dopuštenjem.

Copyright © 2018. Dr. Jaerock Lee
ISBN: 979-11-263-0405-9 03230
Autorska prava na prijevod © 2014. Dr. Esther K. Chung. Korišteno s dopuštenjem.

Prvi put objavljeno u Travanj 2018.

Prethodno na korejskom objavio 2009. Urim Books u Seulu, Koreja.

Urednik: Dr. Geumsun Vin
Dizajn: Urim Books
Za više informacija obratite nam se na: urimbook@hotmail.com

*„Ljubav ne čini zla bližnjemu;
ljubav je dakle izvršenje zakona".*

Poslanica Rimljanima 13:10

Predgovor

Nadam se da će čitatelji posjedovati Novi Jeruzalem kroz duhovnu ljubav.

Tvrtka za oglašavanje iz UK objavila je javni kviz za najbrži put od Edinburgha u Škotskoj do Londona u Engleskoj. Dali bi veliku nagradu osobi koju bi izabrali. Odgovor koji je odabran bio je „putovati sa voljenom osobom". Razumijemo da ako putujemo u društvu voljene osobne onda čak i dugačak put se čini kraćim. Na isti način, ako volimo Boga, nije teško staviti Njegove Riječi u praksu (1. Ivanova Poslanica 5:3). Bog nam nije dao Zakon i nije nam rekao da se držimo Njegovih zapovjedi da bi na otežavao.

Riječ „Zakon" dolazi od Hebrejske riječi „Torah", koja ima značenje „statuti", i „lekcije". Tora se obično odnosni na Petoknjižje koje uključuje i Deset Zapovjedi. Ali, „Zakon" se isto odnosi i na 66 knjiga Biblije kao cjelinu, ili samo Božjim statutima koji nam govore što činiti, što ne, držati, ili odbaciti određene stvari. Ljudi bi mogli misliti da Zakon i ljubav nisu povezani međusobno, ali se oni ne mogu odvojiti. Ljubav pripada Bogu, i bez ljubljenja Boga mi se ne možemo u potpunosti držati Zakona.

Zakon se može ispuniti samo ako ga prakticiramo sa ljubavi.

Postoji priča koja nam pokazuje snagu ljubavi. Mladi čovjek je pao kada je letio preko pustinje u malom zrakoplovu. Njegov je otac bio jako bogat čovjek, i angažirao je tim za pronalazak i spašavanje da pronađu njegova sina, ali sve je bilo uzalud. On je raširio milijune letaka po pustinji. Ono što je napisao na letku bilo je „Sine, volim te". Sin, koji je lutao po pustinji, je našao jedan i dobio hrabrosti koja mu je omogućila da u konačnici bude spašen. Očeva prava ljubav je spasila sina. Baš kao što je otac širio letke preko pustinje, i mi imamo dužnost širiti Božju ljubav do nebrojenih duša.

Bog je dokazao svoju ljubav šaljući Svog jedinog začetog Sina Isusa na ovu zemlju da bi spasio čovječanstvo koje je grešno. Ali zakonodavci u Isusovo vrijeme su se jedino fokusirali na formalnosti Zakona i nisu razumjeli pravu Božju ljubav. Naposljetku, oni su osudili jedinog začetog Sina Božjeg, Isusa, kao hulitelja koji je poništavao Zakon i oni su Ga razapeli. Oni nisu razumjeli Božju ljubav koja je prožeta kroz Zakon.

U 1. poslanici Korinčanima poglavlje 13 jako je dobro opisan primjer „duhovne ljubavi". Govori nam o ljubavi Boga koji je poslao Svog jedinog začetog Sina da nas spasi, koji smo osuđeni umrijeti zbog naših grijeha, i ljubavi Gospoda koji nas voli do mjere odbacivanja sve Svoje nebeske slave i umiranja na križu. Ako i mi želimo dostaviti ljubav Boga do nebrojenih umirućih duša na svijetu, moramo shvatiti duhovnu ljubav i prakticirati je.

„Novu zapovijed dajem vam: ljubite jedan drugoga! Kao što sam ja ljubio vas, tako i vi ljubite jedan drugoga. Po tom će svi spoznati, da ste moji učenici, ako ljubite jedan drugoga" (Po Ivanu 13:34-35).

Ova knjiga je objavljena da bi čitatelji mogli provjeriti mjeru u kojoj su kultivirali duhovnu ljubavi i do koje su se mjere promijenili sa istinom. Zahvaljujem se Geumsun Vin, direktorici uredničkog ureda i njenim zaposlenicima, i ja se nadam da će svi čitatelji ispuniti Zakon sa ljubavi i na kraju posjedovati Novi Jeruzalem, najljepše nebesko prebivalište.

Jaerock Lee

Uvod

Nadam se da će se kroz istinu Boga čitatelji moći promijeniti kultiviranjem savršene ljubavi.

TV postaja je provela upitnik u kojem su istraživali udane žene. Upitnik je bio bi li se ili ne bi ponovo udale za istog muža ako bi mogle ponovo birati. Rezultat je bio šokantan. Samo 4% žena je željelo izabrati istog muža. One su se udale za svoje muževe jer su ih voljele, i zašto su promijenile svoje mišljenje? Zato što nisu imale duhovnu ljubav. Ovo je rad *Ljubavi: Ispunjenje Zakona* će nas naučiti sve o duhovnog ljubavi.

U 1. djelu „Značaj Ljubavi", ukazuje na različite oblike ljubavi koje se mogu naći između muža i žene, roditelja i djece, i između prijatelja i susjeda, dakle dajući nam ideju razlike između tjelesne ljubavi i duhovne ljubavi. Duhovna ljubav znači voljeti drugu osobu sa ne mijenjajućim srcem ne želeći ništa nazad. Suprotno od toga, tjelesna ljubav se mijenja u različitim situacijama i okolnostima, i iz tog razloga duhovna ljubav je dragocjena i prekrasna.

2. dio „Ljubav kao u Ljubavnom Poglavlju", kategorizira 1.

Poslanicu Korinčanima u tri djela. Prvi dio, „Vrsta Ljubavi koju Bog priželjkuje" (1. Poslanica Korinčanima 13:1-3), je upoznavanje sa poglavljem koji stavlja naglasak na važnost duhovne ljubavi. U drugom dijelu, „Karakteristike ljubavi" (1. Poslanica Korinčanima 13:4-7) je glavni dio Ljubavnog Poglavlja, i govori nam o 15 karakteristika duhovne ljubavi. U trećem dijelu, „Savršena Ljubav", je zaključak Ljubavnog Poglavlja, koje nam govori da se vjera i nada privremeno potrebne dok stupamo prema nebeskom kraljevstvu tijekom naših života na ovoj zemlji, dok ljubav traje beskrajno čak i u nebeskome kraljevstvu.

3. dio, „Ljubav je Ispunjenje Zakona", nam objašnjava što znači ispunjenje Zakona sa ljubavi. Isto tako dostavlja Božju ljubav i kultivira nas ljude na ovoj zemlji i ljubav Krista koji je otvorio put spasenja za nas.

„Ljubavno Poglavlje" je samo jedno od 1189 poglavlja u Bibliji. Ali to je kao karta sa blagom koja nam govori gdje možemo naći velike količine blaga, jer nas u detalje uči putu u Novi Jeruzalem. Čak i ako imamo kartu i znamo put, to je uzalud ako zapravo ne idemo putem koji nam je zadan. Prvenstveno, uzalud ako ne prakticiramo duhovnu ljubav.

Bog je zadovoljan sa duhovnom ljubavi, i mi možemo posjedovati duhovnu ljubav u mjeru u kojoj čujemo i prakticiramo Riječ Božju koja je Istina. Jednom kad posjedujemo duhovnu ljubav, možemo primiti Božju ljubav i blagoslov, i na kraju ući u Novi Jeruzalem, najljepše prebivalište na Nebu. Ljubav je krajnja svrha Božjeg kreiranja čovjeka i njegova kultiviranja. Ja se molim da će svi čitatelji prvo voljeti Boga i voljeti svoje susjede kao sebe same tako da mogu primiti ključeve bisernih vrata Novog Jeruzalema.

Geumsun Vin
Direktorica uredničkog ureda

Sadržaj — *Ljubav: Ispunjenje Zakona*

Predgovor · VII
Uvod · XI

1. dio Značaj Ljubavi

   1. poglavlje: Duhovna Ljubav · 2
   2. poglavlje: Tjelesna Ljubav · 10

2. dio Ljubav kao u Ljubavnom Poglavlju

   1. poglavlje: Vrsta Ljubavi koji Bog priželjkuje · 22
   2. poglavlje: Karakteristike Ljubavi · 38
   3. poglavlje: Savršena Ljubav · 140

3. dio Ljubav je Izvršenje Zakona

   1. poglavlje: Božja Ljubav · 152
   2. poglavlje: Ljubav Krista · 162

„Ako ljubite samo one, koji vas ljube,

kakvu hvalu očekujete?

I grješnici ljube one, koji njih ljube".

Po Luki 6:32

1. dio
Značaj Ljubavi

1. poglavlje : Duhovna Ljubav

2. poglavlje : Tjelesna Ljubav

Duhovna Ljubav

*„Ljubljeni, ljubimo jedan drugoga,
jer je ljubav od Boga;
i svaki, koji ljubi, od Boga je rođen i poznaje Boga.
Koji ne ljubi, ne poznaje Boga, jer je Bog ljubav".*
1. Ivanova poslanica 4:7-8

Čim čujemo riječ „ljubav" naša srca lupaju i naš um podrhtava. Ako možemo voljeti nekoga i dijeliti pravu ljubav cijeli naš život, bio bi to život ispunjen sa najvišim stupnjem sreće. Nekada čujemo o čudima koji su prevladali situacije kao što je sama smrt i učinili su svoje živote ljepšim kroz moć ljubavi. Ljubav je potrebna da bi se vodio sretan život, ima veliku moć promijeniti naše živote.

Merriam-Websterov internet rječnik definira ljubav kao „snažnu privrženost za drugog proizlazeći iz srodstva ili osobnih veza" ili „privrženost bazirana na divljenju, dobronamjernost ili istim interesima". Ali vrsta ljubavi o kojoj Bog govori je ljubav koja je na većem nivou, koja je duhovna ljubav. Duhovna ljubav traži korist drugih, daje radost, nadu, i život njima, i nikad se ne mijenja. Nadalje, ne koristi nam samo tijekom ovog privremenog, zemaljskog života, nego vodi naše duše prema spasenju i daje nam vječan život.

Priča o ženi
koja je vodila svog supruga prema crkvi

Postojala je žena koja je bila vjerna u svom životu kao kršćanka. Ali njen suprug nije volio njene odlaske i u crkvu i gnjavio ju je zbog toga. Unatoč tim poteškoćama ona je odlazila na jutarnje molitve svakog dana i molila se za svog supruga. Jedan dan, ona je otišla na molitvu rano ujutro noseći cipele svoga supruga. Držeći cipele na svojim grudima, ona se molila u suzama, „Bože, danas, samo su ove cipele došle u crkvu, ali slijedeći put, daj da vlasnik ovih cipela dođe u crkvu".

Nakon nekog vremena nešto nevjerojatno se dogodilo. Suprug

je došao u crkvu. Ovaj dio priče ide ovako: Nakon nekog vremena, kad god je suprug odlazio od kuće na posao, osjetio je toplinu u cipelama. Jednog dana, vidio je ženu kako ide nekamo sa njegovim cipelama i on ju je slijedio. Ona je otišla u crkvu.

On je bio uzrujan, ali nije mogao nadvladati svoju znatiželju. Morao je saznati što ona radi u crkvi s njegovim cipelama. Kako je potiho otišao u crkvu, njegova se žena molila držeći čvrsto na grudima njegove cipele. On je načuo molitvu, i svaka riječ molitve je bila za njegovo dobro i blagoslov. Njegovo se srce pokrenulo, i nije si mogao pomoći nego žaliti kako se ponašao svojoj ženi. Naposljetku, suprug je pomaknut ljubavlju svoje žene i postao je pobožan kršćanin.

Većina žena u ovoj vrsti situacije bi mene obično pitale da se molim za njih govoreći, „Moj suprug me gnjavi samo zato što idem u crkvu. Molim te moli se za mene da me suprug prestane proganjati". Ali onda bi im ja odgovorio, „Brzo postani posvećena i dođi u duh. Na taj način si riješila svoj problem". One će dati više duhovne ljubavi svojim suprugama do te mjere da će odbaciti grijehe i preći u duh. Kakav bi suprug gnjavio svoju ženu koja je posvećena i služi ga iz svog srca?

U prošlosti, žena bi svalila svu krivnju na svog supruga, ali sada promijenjena istinom, ona bi priznala da je ona kriva i ponizila bi se. Tada, duhovno svjetlo otjera svu tamu i suprug se također može promijeniti. Tko bi se molio za drugu osobu koja ih gnjavi? Tko bi sebe žrtvovao za zanemarene susjede i podijelio pravu ljubav za njih? Djeca Boga koja su naučila pravu ljubav od Gospoda mogu podijeliti takvu ljubav sa drugima.

Ne mijenjajuća ljubav i prijateljstvo Davida i Jonatana

Jonatan je bio sin Saula prvog kralja Izraela Kada je vidio kako David pobjeđuje prvaka Filistejaca, Golijata, sa praćkom i kamenom, on je znao da je David ratnik nad kojeg je Božji duh sišao. Jer je bio general vojske, Jonatanovo je srce zauzela Davidova hrabrost. Od tada Jonatan je volio Davida kao sebe i oni su počeli graditi jako snažnu vezu prijateljstva. Jonatan je volio Davida tako puno da nije ništa štedio ako je to bilo za Davida.

„Kad je bio svršio svoj razgovor sa Saulom, uključi Jonatan Davida duboko u srce, i Jonatan ga milova kao samoga sebe. Saul ga uze taj dan k sebi i ne dade mu više da se vrati u svoju očinsku kuću. Jonatan učini vjeru s Davidom, jer ga je ljubio kao samoga sebe. Jonatan skide sa sebe plašt, što ga je nosio, i dade ga Davidu, uz to opravu svoju s mačem svojim, lukom svojim i pojasom svojim" (1. Samuelova 18:1-4).

Jonatan je bio prestolonasljednik pošto je bio prvorođeni kralja Saula i lako je mogao mrziti Davida jer je jako puno ljudi voljelo Davida. Ali on nije imao nikakve želje za titulom kralja. Nego kad je Saul pokušavao ubiti Davida da bi zadržao tron, Jonatan je riskirao svoj život da bi spasio Davida. Takva se ljubav nikad nije mijenjala sve do njegove smrti. Kada je Jonatan umro u bitci kod Giboe, David je oplakivao i postio do večeri.

„Žao mi je za tobom, brate moj, Jonatan! Kako si mi

bio drag! Viša mi je bila ljubav tvoja od ljubavi ženske" (2. Samuelova 1:26).

Nakon što je David postao kralj, on je pronašao Mefibošeta jedinog Jonatanovog sina, vratio mu svo Saulovo vlasništvu, i brinuo se o njemu kao da je njegov vlastiti sin u palači (2. Samuelova 9). Kao i ovo, duhovna ljubav je voljeti drugu osobu sa nemijenjujućim srcem cijeli život, čak i ako to nam ne koristi nego nam čak i šteti. Samo biti ljubazan u nadi dobivanja nečega nazad nije prava ljubav. Duhovan ljubav je žrtvovanje samog sebe i samo nastaviti davati bezuvjetno, sa čistim i pravim motivima.

Ne mijenjajuća ljubav Boga i Gospoda prema nama

Većina ljudi osjeti srceparajuću bol zbog tjelesne ljubavi u njihovim životima. Kada nas boli i osjetimo se usamljeni zbog ljubavi koja se lako mijenja, postoji netko tko nas utješi i postane naš prijatelj. On je Gospod. On je preziran i ljudi su ga se odrekli iako je bio nevin (Izaija 53:3), tako da On jako dobro razumije naša srca. On se odrekao Svoje nebeske slave i sišao na zemlju da bi primio put mučenja. Po tome On je postao istinski tješitelj i prijatelj. On nam je dao istinsku ljubav dok je umirao na križu.

Prije nego sam postao vjernik u Boga, patio sam od mnogih bolesti i temeljito sam osjetio bol i usamljenost koja dolazi iz siromaštva. Nakon što sam bio bolestan sedam godina, sve što mi je ostalo bilo je bolesno tijelo, stalno rastući dug, prezir ljudi, usamljenost, i očaj. Svi oni kojima sam vjerovao i volio ih su me napustili. Ali netko mi je došao kada sam se osjećao potpuno sam u cijelom svemiru. To je bio Bog. Kad sam upoznao Boga, ozdravio sam od svim svojih bolesti odjednom i počeo sam živjeti novi život.

Ljubav Boga dala mi je besplatan dar. Na početku Ga nisam volio. On je prvo meni došao i ispružio Svoju ruku prema meni. Kako sam počeo čitati Bibliju, mogao sam čuti ispovjedi Božje ljubavi prema meni.

„Zaboravi li žena djetešce svoje, ne smiluje li se plodu tijela svojega? A da bi ga i zaboravila, ja ne zaboravljam tebe! Gle, na ruke sam te svoje zapisao, zidovi tvoji stoje mi vazda pred očima" (Izaija 49:15-16).

„Po tom se pokaza ljubav Božja prema nama, što Bog Sina svojega jedinorođenoga posla na svijet, da živimo po njemu. U tom je ljubav, ne da smo mi ljubili Boga, nego da je on ljubio nas i poslao Sina svojega kao pomirnu žrtvu za grijehe naše" (1. Ivanova Poslanica 4:9-10).

Bog me nije napustio čak i kad sam se mučio sa svojim patnjama nakon što su me svi napustili. Kada sam osjetio Njegovu ljubav, nisam mogao zaustaviti suze koje su nadirale u mojim očima. Mogao sam osjetiti da je Božja ljubav istina zbog bolova koje sam trpio. Sada, postao sam pastor, Božji sluga, da bi utješio srca mnogih duša i otplatiti milost Boga koja mi je dana.

Bog je sama ljubav. On je poslao Svog jedinog začetog Sina Isusa na ovu zemlju za nas koji smo grešnici. I On nas čeka da dođemo u kraljevstvo nebesko gdje je On pripremio mnoge prekrasne i vrijedne stvari. Možemo osjetiti nježnu i obilnu ljubav Boga ako otvorimo naša srca barem malo.

„Jer što se na njemu ne može vidjeti, od postanja svijeta moglo se je spoznati i vidjeti na stvorenjima, i njegova vječna sila i božanstvo, te nemaju izgovora" (Poslanica Rimljanima 1:20).

Zašto samo ne zamisliš prekrasnu prirodu? Plavo nebo, čisto more, i svo drveće i biljke su stvari koje je Bog napravi za nas tako da bi dok živimo na ovoj zemlji možemo imati nade za nebesko kraljevstvo dok ne dođemo tamo.

Od valova koji dodiruju obalu; zvijezda koje svjetlucaju kao da plešu, glasna grmljavina velikog vodopada; i od povjetarca koji nas prođe, možemo osjetiti dah Boga koji nam govori „Ja vas volim". Pošto smo izabrani kao djeca ovog voljenog Boga, kakvu bi mi ljubav morali imati Moramo imati vječnu i pravu ljubav a ne beznačajnu ljubav koja se mijenja ako nam situacija ne pogoduje.

2. POGLAVLJE — Tjelesna Ljubav

Tjelesna Ljubav

*„Ako ljubite samo one, koji vas ljube,
kakvu hvalu očekujete?
I grješnici ljube one, koji njih ljube".*
Po Luki 6:32

Čovjek stoji ispred gomile ljudi, okrenuti prema Galilejskom moru. Plavi valovi mora iza Njega izgledaju kao da plešu na mekom povjetarcu iza Njega. Svi su se ljudi utišali da bi čuli Njegove riječi. Gomili ljudi koja je sjedila posvuda po brdašcu, On im je govorio da postanu svjetlo i sol ovog svijeta i da vole svoje neprijatelje, sa blagim ali odlučnim glasom.

„Jer ako ljubite samo one, koji vas ljube, kakvu ćete plaću imati? Ne čine li to i carinici? I ako pozdravljate samo prijatelje svoje, što osobito činite? Ne čine li to i neznabošci?" (Po Mateju 5:46-47).

Kako je Isus govorio, nevjernici i čak i oni koji su zli mogu pokazati ljubav prema onima koji su dobri prema njima i oni od kojih imaju koristi. Postoji i lažna ljubav, koja dobro izgleda izvana ali nije istinita iznutra. To je tjelesna ljubav koja se mijenja nakon protoka vremena i puca i raspada se kao rezultat čak i malih stvari.

Tjelesna se ljubav može promijeniti u bilo kojem trenutku prolaskom vremena. Ako se situacija ili uvjeti promjene, tjelesna se ljubav također mijenja. Ljudi često mijenjaju svoj stav prema prednostima ili koristi koju prime. Ljudi daju tek nakon što prime nešto od drugih, ili daju samo ako se čini da će to biti od koristi njima samima. Ako mi dajemo i želimo primiti istu količinu nazad, ili ako se osjećamo razočarano kada nam drugi ne daju ništa nazad, to je također jer imamo tjelesnu ljubav.

Ljubav između Roditelja i Djeteta

Ljubav roditelja koji nastavlja davati svojoj djeci pomiče srca mnogih. Roditelji ne govore da je teško brinuti se o svojoj djecu sa svom svojom moći jer vole svoju djecu. Obično je želja roditelja dati dobre stvari svojoj djeci iako to znači da oni sami neće moći dobro jesti ili nositi dobru odjeću. Ali, postoji mjestu u kutu roditeljskog srca koje voli svoju djecu kod traže svoju korist u tome.

Ako stvarno vole svoju djecu, oni bi bili u mogućnosti dati svoje živote bez traženja ičega nazad. Ali postoje mnogi roditelji koji odgajaju svoju djecu za svoju korist i čast. Oni govore, „Ovo ti govorim za tvoje dobro", ali u stvarnosti oni pokušavaju kontrolirati djecu na način koji će ispuniti njihove čežnje za slavom, ili materijalnim dobrom. Kada dijete odabere svoju karijeru ili se vjenča, ako oni odaberu put ili supružnika kojeg roditelji ne prihvaćaju, oni se protive tome i postaju razočarani. To dokazuje da su privrženost i žrtvovanje za svoju djecu, na kraju, bili uvjetovani. Oni pokušavaju dobiti ono što žele kroz svoju djecu za ljubav koju su im dali.

Dječja je ljubav obično puno manja od one njihovih roditelja. Korejska poslovica govori, „Ako roditelji pate od bolesti jako dugo vremena, dijete će napustiti svoje roditelje". Ako su roditelji bolesni i star i ako nema šanse za oporavak, i ako djeca moraju brinuti za njih, oni osjećaju da je sve teže i teže vladati situacijom. Kada su mala djeca, oni čak i govore nešto kao, „Ja se neću vjenčati i ostati ću sa vama, mama i tata". Oni čak i mogu misliti da žele živjeti sa svojim roditeljima do kraja svojih života. Ali kako postaju stariji, oni postaju sve manje zainteresirani za svoje roditelje jer su zauzeti svojim životom. Ljudska srca su utrnuta prema grijehu ovih dana, i zlo prevladava pa s vremena na vrijeme roditelji ubijaju svoju djecu ili djeca svoje roditelje.

Ljubav između supruga i supruge

Što je sa ljubavi između vjenčanog para? Kada hodaju, oni govore slatke riječi kao, „Ne mogu živjeti bez tebe. Voljet ću te zauvijek". Ali što se dogodi kada se vjenčaju? Oni zamjeraju svojim supružnicima i govore, „Ne mogu živjeti svoj život kako želim zbog tebe. Prevario si me".

Nekada su ispovijedali svoju ljubav jedno prema drugom, ali nakon vjenčanja, oni često spominju odvajanje ili razvod samo zato što misle da njihova obiteljska pozadina, obrazovanje ili osobnosti se ne slažu. Ako hrana nije dovoljno dobra kakvu suprug želi, on prigovara svojoj ženi govoreći, „Kakva je ovo hrana? Nema ništa za jesti!". Isto tako, ako suprug ne zarađuje dovoljno novca, supruga prigovara svom suprugu govoreći stvari kao, „Muž moje prijateljice je već dobio promaknuće u direktora i drugi je postao izvršni časnik.... Kada ćeš se ti promaknuti... i moja druga prijateljica ima veći kući i novi auto, a što je s nama? Zašto mi ne možemo imati bolje stvar?"

Po statistici nasilja u domaćinstvu u Koreji, skoro polovica bračnih parova koristi nasilje protiv svog supružnika. Tako puno bračnih parova izgubi prvu ljubav koju su imali, i sada se mrze i svađaju se među sobom. U današnje vrijeme, postoje parovi koji prekinu tijekom svojeg medenoga mjeseca! Prosječno trajanje braka postaje sve kraće i kraće. Oni su mislili da vole svog supružnika tako puno, ali kad počnu živjeti skupa oni vide negativne stvari u jedno drugom. Jer je njihov način razmišljanja i ukus različit, oni se stalno sudaraju s jedne stvari na drugu. Kada to čine, sve njihove emocije za koje su mislili da je ljubav se ohlade.

Čak i ako nemaju jasnih problema međusobno, oni postanu naviknuti jedno na drugi i osjećaji prve ljubavi se ohladi kako vrijeme prolazi. Tada, okreću svoje oči drugim muškarcima ili ženama. Suprug je razočaran svojom ženom koja izgleda razbarušeno ujutro, i kako postaje starija i dobije na težini, on osjeća da ona više nije šarmantna. Ljubav se mora produbiti kako vrijeme prolazi, ali u većini slučajeva se to ne dogodi. Na kraju, promjene u njima podupiru činjenicu da je njihova ljubav bila tjelesna ljubav koja traži samo svoju korist.

Ljubav između braće

Braća i sestre koji su rođeni od istih roditelja i odgajani zajedno bi trebali biti bliži od bilo kojih drugih ljudi. Oni se mogu pouzdati međusobno za mnoge stvari jer su dijelili mnoge stvari i akumulirali su ljubav jedni prema drugima. Ali neka braća imaju osjećaj natjecanja među sobom i postaju ljubomorni na drugu braću i sestre.

Prvorođeni će moći lakše osjetiti da nešto od roditeljske ljubavi koja je trebala biti njegova mu je oduzeta i data njegovom mlađem bratu. Drugo dijete se može osjetiti nestabilno jer oni osjete da su inferiorniji od svog velikog brata ili sestre. Takva djeca koja imaju i starijeg i mlađeg vrata mogu osjećati inferiornost prema starijem i breme koje će dati mlađem. Oni također mogu imati osjećaj žrtve jer ne mogu dobiti pozornost svojih roditelja. Ako se dijete ne pobrine za takve osjećaje na pravi način, oni će vjerojatno imati nepovoljne odnose sa svojom braćom i sestrama.

Prvo ubojstvo u povijesti čovječanstva je bilo između dva brata. Izazvano je Kainovom ljubomorom prema njegovom mlađem bratu Abelu zbog Božjeg blagoslova. Od tog vremena, bilo je nebrojenih borbi i svađa između braće i sestara. Josip su njegova braća mrzila i prodala ga kao roba u Egipat. Davidov sin, Absalom, dao je ubiti svog brata Amnona. Danas, mnoga braća i sestra se svađaju oko nasljedstva svojih roditelja. Oni postaju kao neprijatelji jedni prema drugima.

Iako nije ozbiljno kao slučaj iznad, kako se vjenčavaju i osnivaju svoje obitelji, nisu u mogućnosti paziti na svoju braću kao prije. Ja sam rođen kao zadnji sin među šest braće i sestara. Jako puno su me voljeli stariji braća i sestre, ali kada sam se razbolio na sedam dugih godina zbog raznih bolesti, situacija se promijenila. Postajao sam im sve teže breme. Oni su pokušali izliječiti moje bolesti do neke mjere, ali činilo se da više nema nade, i oni su mi počeli okretati svoja leđa.

Ljubav između susjeda

Korejci imaju izraz koji znači „Susjed rođak". To znači da su nam naši susjedi bliski kao i članovi obitelji. Kada su se u prošlosti većina ljudi bavila ratarstvom, susjedi su bili jako vrijedna bića koja su mogla pomoći. Ali taj izraz postaje sve netočniji. U današnje vrijeme, ljudi drže svoja vrata zatvorena i zaključana, čak i prema susjedima. Koristimo teške sigurnosne sustave. Ljudi ni ne znaju tko živi u susjedstvu.

Nije ih briga za druge i nemaju nikakvu namjeru saznati tko su im susjedi. Oni se brinu samo za sebe, i samo im je njihova bliža obitelj važna. Oni ne vjeruju jedni drugima. Nadalje, ako oni osjećaju da im susjedi mogu izazvati neki vrstu neugodnosti, štete ili povrede, oni se ne ustručavaju prognati ih ili se tuči s njima. Danas postoje mnogi ljudi koji su susjedi koji se tuže međusobno zbog nevažnih stvari. Postoji osoba koja je ubola susjeda na katu iznad zbog buke koju je pravila.

Ljubav između prijatelja

Dakle, što je ljubav između prijatelja? Možeš misliti da će određeni prijatelj biti uvijek na tvojoj strani. Ali, čak i onaj za kojeg smatraš da je takav prijatelj će te izdati i ostaviti te sa slomljenim srcem.

U nekim slučajevima, osoba će možda pitati svog prijatelja da mu posudi značajnu količinu novca, ili da mu postane jamac, jer je on na rubu bankrota. Ako prijatelj odbije, on kaže da je izdan i da ne ga ne želi više nikad vidjeti. Ali tko je onaj koji se ovdje pogrešno ponaša?

Ako stvarno voliš svog prijatelja, ne možeš izazvati nikakvu bol takvom prijatelju. Ako ćeš bankrotirati, i ako tvoj prijatelj postane jamac za tebe, sigurno je da će tvoj prijatelj i njegova obitelj patiti zajedno sa tobom. Da li je ljubav koja je uzrok tvom prijatelju da prolazi kroz takav rizik? To nije ljubav. Ali danas, takve se stvari sve češće događaju. Nadalje, Božja Riječ zabranjuje nam posuđivanje ili davanje novca ili davanje jamstva ili postajanje jamac bilo komu. Kada ne poslušamo riječi Boga, u većini slučajeva će to biti rad Sotone i onih koji su upleteni će patiti.

„Sine moj, ako si postao jamac za bližnjega svojega, ako si dao ruku drugome, Ako si se vezao kojim obećanjem, ako te drže za riječ" (Mudre Izreke 6:1-2).

„Ne pripadaj k onima, koji podaju ruku, k onima, koji jamče za dugove" (Mudre Izreke 22:26).

Neki ljudi smatraju da je mudro birati prijatelje prema onom što mogu dobiti od njih. Činjenica je da je danas jako teško naći osobu koja je voljna pokloniti nam svoje vrijeme, i novac sa istinitom ljubavi prema svojim susjedima i prijateljima.

Imao sam mnogo prijatelja od djetinjstva. Prije nego sam postao vjernik u Boga, smatrao sam vjernost među mojim prijateljima kao svoj život. Mislio sam da će naše prijateljstvo trajati vječno. Ali dok sam bio dugo vremena bolestan, temeljito sam shvati da ta ljubav među prijateljima se isto mijenjala prema njihovim koristima.

Na početku, moji su prijatelji tražili dobre doktore ili dobre narodne lijekove i donosili su mi ih, ali kad se nisam ni malo oporavio, oni su me jedan za drugim napustili. Kasnije, jedini prijatelji koji su mi ostali su bili pijanice i kockarski prijatelji. Čak i ti prijatelji nisu dolazili do mene jer su me voljeli, nego jer su trebali mjesto gdje bi bili neko vrijeme. Čak i u tjelesnoj ljubavi oni su rekli da vole jedni druge, ali to se uskoro promijenilo.

Kako bi dobro bilo kad bi roditelji i djeca, braća i sestre, prijatelji i susjedi, ne tražili svoje i nikad ne mijenjali svoj stav? Ako bi to bio slučaj, to bi značilo da oni imaju duhovnu ljubav. Ali u većini slučajeva, oni nemaju duhovnu ljubav, i oni ne mogu naći pravo zadovoljstvo u tome. Oni traže ljubav od članova obitelji i ljudi oko sebe. Ali kako nastavljaju tako raditi, oni bi postajali samo žedniji ljubavi, baš kao da piju morsku vodu da bi utažili žeđ.

Blaise Pascal je rekao da postoji prostor u obliku Boga u srcu svakog čovjeka koji se ne može ispuniti stvorenim stvarima, nego samo sa Bogom, Stvoriteljem, što je Isus objavio. Mi ne možemo osjetiti istinito zadovoljstvo i mi patimo osjećaj besmislenosti osim ako taj prostor nije ispunjen Božjom ljubavi. Dakle, znači li to da u ovom svijetu nema duhovne ljubavi koja se ne mijenja? Ne, ne znači. Nije uobičajeno, ali duhovna ljubav zasigurno postoji. 1. Poslanica Korinčanima poglavlje 13 izričito nam govori o pravoj ljubavi.

> *„Ljubav dugo trpi, dobrostiva je; ljubav ne zavidi, ne ponosi se, ne nadima se, ne čini što ne valja, ne traži svoje, ne razdražuje se, ne misli o zlu, ne raduje se nepravdi, a raduje se istini, sve pokriva, sve vjeruje, svemu se nada, sve trpi"* (1. Poslanica Korinčanima 13:4-7).

Bog zove ovu vrstu ljubavi duhovnom i pravom ljubavi. Ako znamo ljubav Boga i postanemo promijenjeni sa istinom, mi možemo imati duhovnu ljubav. Imajmo duhovnu ljubav s kojom možemo voljeti jedno drugo sa svim našim srcem i ne mijenjajući stavom, čak i ako nam to ne koristi nego nam šteti.

Postoje ljudi koji pogrešno misle da vole Boga. Da bi provjerili mjeru u kojoj kultiviramo našu duhovnu ljubav i ljubav Boga, mi možemo provjeriti emocije i djela koje smo učinili kada prođemo kroz testove, suđenja, i poteškoće. Možemo se provjeriti do koje smo mjere kultivirali pravu ljubav, provjeravajući jesmo li se ili nisu radovali i davali hvalu sa dubinom srca i jesmo li ili nisu kontinuirano slijedili volju Boga.

Načini provjere Duhovne Ljubavi

Ako mi žalimo i zamjeramo situacije ako tražimo svjetovne metode oslanjanja na ljude, to znači da nemamo duhovnu ljubav. To samo dokazuje naše znanje o Bogu je samo znanje u glavu, ne znanje koje stavljamo i kultiviramo u našim srcima. Baš kao krivotvorene novčanice izgledaju kao pravi novac ali su u stvarnosti samo komad papira, ljubav koja je samo znanje nije prava ljubav. To je bez ikakve vrijednosti. Ako se naša ljubav prema Gospodu ne mijenja i mi se oslanjamo na Boga u bilo kojoj situaciji i u bilo kakvoj poteškoći, mi možemo reći da kultiviramo pravu ljubav i da je to duhovna ljubav.

Ljubav kao u Ljubavnom Poglavlju

„*A sad ostaje vjera, ufanje, ljubav,*

ovo troje, ali je najveća među njima ljubav".

1. Poslanica Korinčanima 13:13

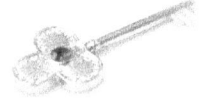

2. dio
Ljubav kao u Ljubavnom Poglavlju

1. poglavlje : Vrsta Ljubavi koji Bog priželjkuje

2. poglavlje : Karakteristike Ljubavi

3. poglavlje : Savršena Ljubav

1. POGLAVLJE

Vrsta Ljubavi koji Bog priželjkuje

"Ako jezike ljudske i anđeoske govorim, a ljubavi nemam, onda sam kao mjed, koja ječi, ili cimbal, koji zveči.
I ako imam dar proročanstva i znam sve tajne i sve znanje, i ako imam svu vjeru, da i gore premještam, a ljubavi nemam, ništa sam.
I kad bih razdao sve imanje svoje, i ako predam tijelo svoje, da se spali, a ljubavi nemam, ništa mi ne koristi".

1. Poslanica Korinčanima 13:1-3

Ovo što slijedi je slučaj koji se dogodio u sirotištu u Južnoj Africi. Djeca su postajala sve bolesnija jedno za drugim, te je i broj bolesne djece rastao. Ali nisu mogli naći uzrok bolesti. Sirotište je pozvalo neke poznate doktore da ih dijagnosticiraju. Nakon temeljnog istraživanja, doktori su rekli, „Dok su budni, zagrlite djecu i iskažite im svoju ljubav na deset minuta".

Na njihovo iznenađenje, bolest bez uzroka se počela povlačiti. Bilo je to zbog tople ljubavi koja je djeci bila potreba više od bilo čega. Iako se ne moramo brinuti oko sredstava za život i živimo u izobilju, bez ljubavi mi ne možemo imati nadu u život ili volju za životom. Može se reći da je ljubav najvažniji faktor u našim životima.

Važnost Duhovne Ljubavi

Trinaesto poglavlje 1. poslanice Korinčanima, koje se zove Ljubavno poglavlje, prvo stavlja naglasak na važnost ljubavi prije nego zapravo objasni duhovnu ljubav u detalje. To je zbog toga što ako pričamo jezikom ljudi ili anđela, ali nema ljubavi, mi postanemo bučan gong zvonećih cimbala.

„Jezik ljudi" se ne odnosi na pričanje kao jedan od darova Duha Svetoga. To se odnosi na sve jezike ljudi koji žive na Zemlji kao što su engleski, japanski, francuski, ruski, i tako dalje. Civilizacija i znanje su sistemski prenošeni kroz jezik, i kao tako mi možemo reći da je snaga u jeziku jako velika. Sa jezikom možemo iskazati i prenijeti naše emocije i misli tako da možemo uvjeriti ili dodirnuti srca mnogih ljudi. Jezici ljudi imaju moć pomicati ljude i moć ostvariti mnoge stvari.

„Jezici anđela" se odnose na prekrasne riječi. Anđeli su duhovna bića i oni predstavljaju „ljepotu". Kada neka druga osoba izgovara prekrasne riječi sa prekrasnim glasom, ljudi ga opisuju kao anđeoski. Ali Bog kaže da čak i rječite riječi ljudi i prekrasne riječi kao anđeli su samo bučan gong zvonećih cimbala (1. poslanica Korinčanima 13:1).

U stvari, težak, solidan komad čelika ili bakra ne daje glasnu buku kada se udari. Ako komad bakra odaje zvuk, to znači da je šupalj iznutra ili je tanak i lagan. Cimbala odaju glasne zvukove jer su načinjeni od jer su načinjeni od tankog komada mesinga. Isto je s ljudima. Mi imamo vrijednost usporednu sa pšenicom sa cijelim zrnom samo kada postanemo pravi sinovi i kćeri Boga ispunjavajući naša srca s ljubavi. U suprotnom, oni koji nemaju ljubavi su kao prazna pljeva. Zašto je to tako?

1. Ivanova Poslanica 4:7-8, „*Ljubljeni, ljubimo jedan drugoga, jer je ljubav od Boga; i svaki, koji ljubi, od Boga je rođen i poznaje Boga. Koji ne ljubi, ne poznaje Boga, jer je Bog ljubav*". Prvenstveno, oni koji nemaju ljubav nemaju ništa sa Bogom, i oni su kao pljeva koja nema ni malo zrna u sebi.

Riječi takvih ljudi nemaju nikakvu vrijednost čak i ako su rječite i prekrasne, jer one ne mogu dati pravu ljubav ili život drugima. Nego one samo izazivaju nelagodu drugim ljudima kao glasan gong ili zvonjava cimbala, jer su one lake i prazne iznutra. U drugu ruku, riječi koje u sebi imaju ljubav imaju veličanstvenu moć davanja života. Možemo naći dokaz toga u Isusovom životu.

Značajna ljubav daje život

Jedan dan Isus je učio u Hramu, i pismoznanci i Farizeji su doveli ženu pred njega. Bila je uhvaćena u činu preljuba. Nije se mogao naći i tračak suosjećanja u očima tih pismoznanaca i Farizeja koji su doveli ženu.

Oni su rekli Isusu, *"Učitelju, ova je žena sada zatečena u preljubu. Mojsije nam je zapovjedio u zakonu, da takve kamenujemo. A ti što veliš?"* (Po Ivanu 8:4-5).

Zakon u Izraelu je Riječ i Zakon Boga. Bila je klauzula koja govori da se preljubnike mora kamenovati na smrt. Ako Isus kaže da je se mora kamenovati prema Zakon, to znači da je On u suprotnosti sa Svojim riječima, jer On uči ljude da vole svoje neprijatelje. Ako On kaže da joj se oprosti, to je jasno kršenje Zakona. To znači stati protiv Riječi Božje.

Pismoznanci i Farizeji su bili ponosni na sebe misleći da sad imaju šansu poniziti Isusa. Znajući jako dobro njihova srca, Isus se samo spustio i napisao par riječi na zemlji sa Svojim prstom. Tada, On se podigao i rekao, *"Tko je među vama bez grijeha, neka prvi baci kamen na nju"* (Po Ivanu 8:7).

Kada se Isus još jednom sagnuo i počeo pisati po zemlji sa Svojim prstom, ljudi su odlazili jedan za drugim, i samo su žena i Isus ostali. Isus je spasio život te žene bez kršenja Zakona.

Na prvi pogled, to što su pismoznanci i Farizeji govorili nije bilo netočno samo prema Zakon Božjem. Ali motiv u njihovim riječima je bilo posve drugačiji od Isusovog. Oni su pokušavali naškoditi drugima dok je Isus pokušavao spasiti duše.

Ako imamo vrstu srca kao Isus, mi ćemo se moliti misleći kakva vrsta riječi može dati snagu drugima i povesti ih prema istini. Pokušavati ćemo dati život sa svakom riječi koju izgovorimo. Neki ljudi pokušavaju nagovoriti druge sa Riječi Božjom ili pokušavaju ispraviti ljudsko ponašanje ističući njihove nedostatke ili pogreške za koje oni smatraju da su pogrešne. Čak i ako su takve riječi točne, oni ne mogu izazvati promjenu u drugim ljudima ili im dati život, sve dok te riječi nisu izgovorene iz ljubavi.

Dakle, mi bi se uvijek morali provjeravati da li pričamo sa vlastitom samosviješću i okvirom misli, ili su naše riječi iz ljubavi i daju život drugima. Rađe nego milozvučne riječi, riječi izgovorene iz duhovne ljubavi mogu postati voda života koja će utažiti žeđ duša, vrijedni dragulj koji daje radost i utjehu dušama u patnji.

Ljubav sa djelima samožrtvovanja

Generalno „proročanstvo" se odnosi na govor o budućim događajima. U biblijskom smisli to znači primiti srce Boga kroz inspiraciju Duha Svetoga za određenu svrhu i pričati o budućim događajima. Proricanje se ne može dogoditi prema ljudskoj volji. 2. Petrova poslanica 1:21 govori, *„...Jer nikad nije bilo proročanstvo javljeno po volji čovječjoj, nego su ponukani od Duha Svetoga govorili sveti Božji ljudi"*. Dar proročanstva nije slučajno dan bilo kome. Bog ne daje dar osobi koja nije postala posvećena, jer bi mogao postati arogantan.

„Dar proricanja", kao što je napisano u ljubavnom poglavlju nije dar koji je dan nekolicini posebnih ljudi. To znači da svatko

tko vjeruje u Isusa Krista i boravi u istini može predvidjeti i govoriti o budućnosti. Prvenstveno, kada Gospod dođe u zrak, spašeni će uzletjeti u zrak i sudjelovati u Sedmogodišnjoj Svadbenoj Gozbi, a oni koji nisu spašeni će patiti Sedmogodišnje Veliko Iskušenje na ovoj zemlji i pasti u Pakao nakon Suda Velikog Bijelog Trona. Ali iako sva Božja djeca imaju dar proricanja u načinu „govorenja o budućim događajima", nemaju sva duhovnu ljubav. Naposljetku, ako nemaju duhovnu ljubav, oni bi promijenili svoj stav slijedeći svoje koristi, i prema tome dar proricanja im neće koristiti za ništa. Sam dar ne može nastaviti ili nadvisiti ljubav.

„Misterij" se ovdje odnosi na tajnu koja je skrivena prije vjekova, a koja je riječ križa (1. Poslanica Korinčanima 1:18). Riječ križa je providnost ljudske kultivacije, koju je Bog načinio prije vijeka pod Njegovim suverenitetom. Bog je znao da će čovjek počiniti grijehe i pasti na put smrti. Iz tog razloga On je pripremio Isusa Krista koji će postati Spasitelj čak i prije vijeka. Dok ova providnost nije ispunjena, Bog ju je držao u tajnosti. Zašto je On to učinio? Da se put spasenja zna, ne bi se mogao ispuniti zbog miješanja neprijatelje vraga i Sotone (1. Poslanica Korinčanima 2:6-8). Neprijatelj vrag i Sotona su mislili da će moći zauvijek zadržati autoritet koji su primili od Adama ako ubiju Isusa. Ali, put spasenja se mogao otvoriti jer su oni poticali zle ljude i ubili Isusa. Međutim, čak i ako znamo tako veliku misteriju, takvo znanje nam ne koristi ako nemamo duhovnu ljubav.

Isto je sa znanjem. Ovdje termin „svo znanje" se ne odnosi na akademsko učenje. To se odnosi na znanje o Bogu i istini u 66 knjiga Biblije. Jednom kad posjedujemo znanje o Bogu kroz

Bibliju, mi bi ga mogli sresti i iskusiti Ga i vjerovati u Njega svim svojim srcem. Inače znanje o Božjoj Riječi će samo ostati kao dio znanja u našoj glavi. Mi bi čak i mogli koristiti to znanje na nepovoljan način, na primjer, sudeći i osuđujući druge. Dakle, znanje bez duhovne ljubavi nam ne donosi profit.

Što ako imamo tako veliku vjeru da je moguće pomicati planine? Imati veliku vjeru ne znači nužno imati veliku ljubav. Zašto onda količina vjere i količina ljubavi nisu jednake? Vjera može rasti gledajući znakove i čuda i djela Boga. Petar je vidio mnoge znakove i čuda koja je Isus izvodio i iz tog razloga je mogao isto hodati, iako samo na trenutak, po vodi kada je Isus hodao po vodi. Ali u to vrijeme Petar nije imao duhovnu ljubav jer on još nije primio Duh Sveti. On također još nije obrezao svoje srce odbacujući svoje grijehe. Dakle, kada mu je kasnije život bio ugrožen, on je zanijekao Isusa tri puta.

Možemo razumjeti zašto naša vjera može rasti kroz iskustvo, ali duhovna ljubav dolazi u naša srca samo kada se trudimo, pobožni smo, i žrtvujemo se da odbacimo naše grijehe. Ali to ne znači da nema direktne veze između duhovne vjere i ljubavi. Možemo pokušati odbaciti grijehe i možemo pokušati voljeti Boga i duše jer imamo vjere. Ali bez djela koje zapravo sliče Gospodu i kultiviranja prave ljubavi, djela za Božje kraljevstvo neće imati nikakve veze sa Bogom bez obzira koliko vjerni pokušavamo biti. To je baš kao što je Isus rekao, *„Tada ću im izjaviti; Nikad vas nijesam poznavao; idite od mene, zlotvori"* (Po Mateju 7:23).

Ljubav koja donosi nebesku nagradu

Obično, pred kraj godine, mnoge organizacije i individue doniraju novce na TV postajama ili novinama za pomoć potrebitima. A što ako se njihova imena ne bi spomenula na TV-u ili novinama? Vjerojatno ne bi bilo puno individua i tvrtki koje bi svejedno donirale.

Isus je rekao po Mateju 6:1-2, „*Pazite, da pravednost svoju ne činite pred ljudima, da vas oni vide; inače nemate plaće kod Oca svojega na nebesima. Kad dale daješ milostinju, ne trubi pred sobom, kao što čine licemjeri u sinagogama i na ulicama, da ih slave ljudi. Zaista, kažem vam. Oni već imaju plaću svoju*". Ako mi pomognemo drugima da dobiju poštovanje od ljudi, mi ćemo možda biti poštovani na trenutak, ali nećemo primiti nikakvu nagradu od Boga.

Takvo davanje je samo za samozadovoljstvo ili za hvaljenje. Ako osoba čini dobrotvoran rad samo kao formalnost, njegovo će se srce podizati svaki put kad primi hvalu. Ako Bog blagoslovi takvu vrstu osobe, on bi se mogao smatrati pravilnim u Božjim očima. Tada, on neće obrezati svoje srce, i to će mu samo štetiti. Ako radiš dobrotvorni posao sa ljubavlju za svoje susjede, ti nećeš mariti prepoznaju li te ljudi ili ne. To je zašto što vjeruješ da je Bog Otac onaj koji vidi što ti radiš u tajnosti i nagraditi će te (Po Mateju 6:3-4).

Dobrotvorni rad u Gospodu nije samo dobavljanje osnovnih potreba kao što su odjeća, hrana, ili kućište. To je više u dobavljanju duhovnog kruha gladnoj duši. Danas, bilo da su vjernici u Gospoda ili ne, mnogi ljudi govore da je uloga crkvi pomoć bolesnima, zanemarenima, i siromašnima. To naravno nije pogrešno, ali prva uloga crkve je propovijedati evanđelje i spasiti duše tako da mogu primiti duhovni mir. Konačni cilj dobrotvornog rada leži u tim ciljevima.

Dakle, kada pomažemo drugima, jako je važno pravilno raditi dobrotvorni rad i primiti upute Duha Svetoga. Ako je dana neka nepravilna pomoć određenoj osobi, lakše je za tu osobu odmaknuti se još i dalje od Boga. U najgorem scenariju, može ih i odvesti na put smrti. Na primjer, ako pomognemo onima koji su postali siromašni zbog prekomjernog pića ili kockanja ili onima koji su u nevolji jer su stajali protiv volje Boga, onda će im pomoć izazvati da odu na pogrešan put još i dalje. Naravno to ne znači da ne možemo pomoći onima koji nisu vjernici. Mi bi trebali pomoći nevjernicima dajući im ljubav Boga. Međutim nikada ne smijemo zaboraviti da je glavna zadaća dobrotvornog rada širenje evanđelja.

U slučajevima novih vjernika koji imaju slabu vjeru, jako je važno učvrstiti ih dok im vjera ne ojača. Nekada čak i među onima koji imaju vjeru, postoje oni koji imaju urođene slabosti ili bolesti i drugi koji imaju nesreće koje im onemogućuju da žive sami. Također postoje stariji građani koji žive sami ili djeca koja moraju uzdržavati kućanstvo u odsutnosti roditelja. Takvi ljudi bi mogli biti u očajničkoj potrebi za dobrotvornim radom. Ako pomognemo takvim ljudima koji su u stvarnoj potrebi, Bog će učiniti da naše duše uspijevaju i učiniti da nam sve stvari dobro idu.

U Djelima apostolskim poglavlje 10 Kornelije je osoba koja prima blagoslov. Kornelije se bojao Boga i pomogao je Židovima jako puno. On je bio centurion, visoko rangirani časnik okupacijske vojske koja je vladala nad Izraelom. U njegovoj je situaciji sigurno bilo jako teško pomagati lokalnom stanovništvu. Židovi su sigurno bili oprezno sumnjičavi što on radi i njegovi su kolege bili kritični prema tome što on radi. Ali, jer se bojao Bog on nije stao sa dobrim poslom i dobrotvorstvom. Bog je vidio sva djela koja je on napravio, i poslao je Petra u njegovo domaćinstvo tako da ne samo njegova obitelj nego svi koji su bili s njim prime Duh Sveti i spasenje.

Nije samo dobrotvorni rad koji mora biti napravljen sa duhovnom ljubavi nego i prinos Bogu. Po Marku 12, čitamo o udovica koju je Isus hvalio jer je dala prinos sa svim svojim srcem. Ona je dala samo dva bakrena novčića, koji su bili sve s čim je mogla živjeti. Dakle, zašto ju je Isus pohvalio? Po Mateju 6:21 govori, *„...jer gdje je blago tvoje, ondje je i srce tvoje"*. Kao što je rečeno, kada je udovica dala sve svoje životne troškove, to znači da je dala svo svoje srce prema Bogu. Bio je to izraz njene ljubavi prema Bogu. U suprotnom, prinos koji je nevoljko dan ili biti svjestan stavova i opcija drugih ljudi Bogu nije drag. Stoga, takvi prinosi ne pogoduju davatelju.

Pričajmo sad o samo žrtvovanju. „Predati moje tijelo da se spali" ovdje znači „žrtvovati se u potpunosti". Obično žrtvovanje je načinjeno iz ljubavi, ali oni se mogu načiniti praznima ljubavi. Dakle, što su žrtve načinjene bez ljubavi?

Prigovarati o različitim stvarima nakon obavljanja Božjeg posla je primjer žrtvovanja bez ljubavi. To je kada potrošiš svu svoju snagu, vrijeme i novac na Božji posao, ali ne prepoznaješ i ne hvališ nego ti se osjećaš žalosno i prigovaraš o tome. To je kada vidiš svoje kolege i osjećaš da oni nisu revni kao ti iako tvrde da vode Boga i Gospoda. Možeš sebi reći da su oni lijeni. Na kraju to je samo tvoj sud i osuda. Takav stav tajno ugrađuje želje da se tvoje zasluge otkriju drugima, da te hvale i da se razmećeš svojom vjerom. Ovakva vrsta žrtve može prekinuti mir među ljudima i slomiti srce Bogu. Na taj način žrtva bez ljubavi nema nikakve koristi.

    Ti se ne moraš žaliti izvana riječima. Ali ako nitko ne prepozna tvoje vjerne radove, ti ćeš biti tužan i misliti da si ništa i tvoja revnost za Gospoda će se ohladiti. Ako netko pokaže greške i slabe točke u radu koji si ti ostvario sa svom svojom snagu, koje su načinjene do mjere samo žrtvovanja, možeš izgubiti srce i kriviti onoga koji ti kritizirao. Kada netko rodi više voća od tebe i hvaljen i omiljen, postaješ ljubomoran i zavidan. Onda, bez obzira koliko si ti vjeran i vatren bio, ne možeš ostvariti pravu radost u sebi. Možda čak i odustaneš od svojih dužnosti.

    Postoje neki koji su revni samo ako ih drugi gledaju. Kada ih nitko ne gleda, postaju lijeni i rade svoj posao nesavjesno i nepropisno. Rađe nego da rade posao koji nitko ne vidi, oni pokušavaju ostvariti posao koji je vidljiv svima. To je zbog njihove želje da se otkriju svojim seniorima i mnogim drugima i da ih hvale.

    Dakle ako takva osoba ima vjeru kako bi on mogao napraviti samo žrtvovanje bez ljubavi? Zbog toga što im manjka duhovne ljubavi. Manjka im osjećaj vlasništva vjerovanja u njihovim srca koje što je Božje je njihovo i što je njihovo to je Božje.

    Na primjer, usporedimo situaciju u kojem jedan farmer radi svoje polje i seljak koji radi na nečijem tuđem polju za plaću. Kada farmer radi svoje polje on spremno radi od jutra do kasno u noć. On ne preskače nijedan od farmerskih zadataka i on čini sav posao bez neuspjeha. Ali kada unajmljeni seljak radi na polju koje pripada drugom čovjeku, on ne troši svu svoju energiju tijekom posla, nego on želi da sunce što prije zađe da može primiti svoju plaću i vratiti se kući. Isti se principima primjenjuje na kraljevstvo Boga. Ako ljudi nemaju ljubav za Boga u svojim srcima, oni će raditi posao za Njega površno kao unajmljene ruke koje samo žele plaču. Oni će jecati i prigovarati ako ne prime plaču koju su očekivali.

Zato u Poslanici Kološanima 3:23-24 piše, *"Štogod činite, od srca činite kao Gospodinu, a ne kao ljudima, znajući, da ćete od Gospodina primiti plaću baštine. Gospodinu Kristu služite"*. Pomagati drugima i žrtvovati se bez duhovne ljubavi nema ništa sa Bogom, što znači da ne možemo primiti nikakvu nagradu od Boga (Po Mateju 6:2).

Ako se želimo žrtvovati sa pravim srcem, moramo posjedovati duhovnu ljubav u našem srcu. Ako je naše srce ispunjeno sa pravom ljubavi, mi možemo nastaviti posvetiti naš život Gospodu sa svim što imamo, bez obzira da li drugi to vide. Baš kao što je svijeća upaljena i obasjava tamu, mi možemo predati sve što posjedujemo. U Starom Zavjetu, kada je svećenik ubio životinju za žrtvu Bogu kao pomirbenu žrtvu, oni bi sipali krv i palili mast na vatri na oltaru. Naš Gospod Isus, kao životinja ponuđena za pomirbu za naše grijehe, prolio je zadnju kap Svoje krvi i vode da bi iskupio sve ljude za svoje grijehe. On nam je pokazao primjer prave žrtve.

Zašto je Njegova žrtva bila učinkovita i dopustila mnogim dušama da prime spasenje? Zato što je Njegova žrtva učinjena iz čiste ljubavi. Isus je završio Božju volju do točke u kojoj je žrtvovao Svoj život. On je ponudio posredničku molitvu za sve duše čak u zadnjim trenutcima razapinjanja (Po Luki 23:34). Za pravo žrtvovanje, Bog Ga je uzdigao i dao Mu najveličanstvenije mjesto na Nebu.

Poslanica Filipljanima 2:9-10 govori, „*A zato i Bog njega povisi i darova mu ime, koje je nad svako ime, da se u ime Isusovo pokloni svako koljeno onih, koji su na nebu i na zemlji i pod zemljom*".

Ako odbacimo pohlepu i nečiste želje i žrtvujemo se sa čistim srcem kao Isus, Bog će nas uzvisiti i odvesti nas u veće pozicije. Naš Gospod je obećao Po Mateju 5:8, „*Blagoslovljeni su koji su čista srca! Oni će Boga gledati*". Dakle primiti ćemo blagoslov i moći ćemo vidjeti Boga licem u lice.

Ljubav ide iznad pravde

Pastor Yang Won Sohn je zvan „Atomska Bomba Ljubavi". On je pokazao primjer žrtve načinjene sa pravom ljubavi. On je brinuo o gubavcima sa svom svojom snagom. Poslan je u zatvor jer je odbio slaviti japanska ratna svetišta pod Japanskom vlasti u Koreji. Unatoč svojom odanom radu za Boga, morao je čuti šokantne vijesti. U listopadu 1948. dva njegova sina su ubili ljevičarski vojnici u pobuni protiv vladajuće vlasti.

Obični ljuti bi prigovarali Bogu govoreći, „Ako je Bog živ, kako mi je to mogao učiniti?" Ali on je samo dao hvalu što su njegova dva sina bili oženjeni i bili su na Nebu sa strane Gospoda. Nadalje, on je oprostio pobunjenicima koji su ubili njegova dva sina i čak ih je posvojio kao svoje sinove. On je dao hvalu Bogu u devet aspekata hvale na pogrebu njegovim sinovima koje su tako duboko dotaknule srca puno ljudi.

„Prvenstveno, dajem hvalu svojim sinovima koji su postali mučenici iako su bili rođeni od moje linije, jer sam ja pun grešaka.

Drugo, dajem hvalu Bogu koji mi je dao ove dragocjene da mi budu obitelj među toliko puno vjerničkih obitelji.

Treće, dajem hvalu što su moj prvorođeni i drugorođeni sinovi bili obojica posvećeni, i bili su najljepši među moja tri sina i tri kćeri.

Četvrto, teško je da jedan sin postane mučenik, ali za mene koji imam dva sina koji su postali mučenici, dajem hvalu.

Peto, blagoslov je umrijeti u miru sa vjerom u Gospoda Isusa, i dajem hvalu da će oni obnoviti slavu mučeništva jer su bili ubijeni dok su propovijedali evanđelje.

Šesto, oni su se pripremali ići u Sjedinjene Američke Države studirati, i sad su otišli u kraljevstvo nebesko, koje je mnogo bolje mjesto do Sjedinjenih Američkih Država. Laknulo mi je i dajem hvalu.

Sedmo, dajem hvalu Bogu koji mi je omogućio da posvojim

svog posinka, neprijatelja koji mi je ubio sinove.

Osmo, dajem hvalu jer vjerujem da će biti u izobilju Nebeskog voća kroz mučeništvo moja dva sina.

Deveto, dajem hvalu Bogu koji mu je omogućio da shvatim Božju ljubav i u mogućnosti sam se radovati čak i u ovoj vrst muke".

Da bi se brinuo o bolesnim ljudima, pastor Yang Won Sohn se nije evakuirao čak i tijekom korejskog rata. Na kraju su ga komunistički vojnici mučili. On se brinuo o bolesnim ljudima koji su u potpunosti zapostavljeni od drugih, i u dobroti on se brinuo o svom neprijatelju koji mu je ubio sinove. On se mogao žrtvovati na taj način jer je bio pun prave ljubavi za Boga i druge duše.

U poslanici Kološanima 3:14 Bog nam govori, *„A povrh svega toga imajte ljubav, koja je veza savršenstva"*. Čak i ako govorimo prekrasne riječi anđela i imamo sposobnost proricanja i vjere koja pomiče planine, žrtvovati sebe za potrebite, djela nisu nešto savršeno u Božjim očima sve dok nisu načinjena iz prave ljubavi. Sad, uđimo u značenje sadržano u pravoj ljubavi da bi ušli u neograničenu dimenziju Božje ljubavi.

2. POGLAVLJE — Karakteristike Ljubavi

Karakteristike Ljubavi

„*Ljubav dugo trpi, dobrostiva je; ljubav ne zavidi,
ne ponosi se, ne nadima se, ne čini što ne valja,
ne traži svoje, ne razdražuje se, ne misli o zlu,
ne raduje se nepravdi, a raduje se istini,
sve pokriva, sve vjeruje, svemu se nada, sve trpi*".

1. Poslanica Korinčanima 13:4-7

Po Mateju 24, nalazimo scenu u kojoj Isus nariče gledajući u Jeruzalem, znajući da je njegovo vrijeme blizu. Morao je biti obješen na križu u Božjoj providnosti, ali kada je pomislio na katastrofu koja će zateći Židove i Jeruzalem, morao je naricati. Učenici su se pitali zašto i postavili su mu pitanje: *„Koji je znak tvojega dolaska i svršetka svijeta?"* (s. 3).

Pa im je Isus rekao o mnogim znakovima i jecajući rekao da će se ljubav ohladiti: *„Jer će bezbožnost uzeti maha, ljubav će ohladnjeti kod mnogih"* (s. 12).

Danas, sigurno možemo osjetiti da je ljudska ljubav postala hladna. Mnogi ljudi traže ljubav, ali ne znaju što je to prava ljubav, to jest duhovna ljubav. Ne možemo imati pravu ljubav samo zato što ju želimo. Možemo ju početi dobivati kako ljubav Boga dolazi u naša srca. Tada možemo početi shvaćati što je to i početi odbacivati zlo iz naših srca.

Poslanica Rimljanima 5:5 govori, *„...a nada se ne sramoti, jer se ljubav Božja izli u srca naša Duhom Svetim, koji je dat nama"*. Kao što je rečeno, možemo osjetiti ljubav Boga kroz svetog duha u svojim srcima.

Bog nam govori o svakoj karakteristici duhovne ljubavi u 1. poslanici Korinčanima 13:4-7. Božja ih djeca trebaju naučiti i prakticirati ih kako bi mogla postati glasnicima ljubavi koji mogu pokazati ljudima duhovnu ljubav.

1. Ljubav dugo trpi

Ako nekome nedostaje strpljenja, među svim ostalim karakteristikama duhovne ljubavi, može lagano obeshrabriti ostale. Pretpostavimo da nadzornik dodijeli nekome određeni posao, i ta osoba ga ne odradi kako treba. Nadzornik brzo dodijeli posao nekom drugome da ga završi. Osoba kojoj je originalno dodijeljen posao može pasti u očaj jer nije dobila drugu priliku da se iskupi što je pogriješila. Bog je stavio „strpljenje" kao prvu karakteristiku duhovne ljubavi jer je to najosnovnija karakteristika za kultiviranje duhovne ljubavi. Ako imamo ljubavi, čekanje nije dosadno.

Jednom kada shvatimo ljubav Boga, pokušavamo podijeliti ljubav s ljudima oko nas. Ponekad kada pokušamo voljeti druge na ovaj način, dobivamo negativne reakcije ljudi što nam može slomiti srce ili nam uzrokovati veliku štetu i bol. Tada, ti ljudi više neće izgledati lijepo, i nećemo ih moći dobro razumjeti. Da bismo imali duhovnu ljubav, moramo biti strpljivi i voljeti čak i takve ljude. Čak i ako nas blate, mrze, ili nas pokušavaju uvući u nevolju bez razloga, moramo kontrolirati svoj um kako bismo bili strpljivi i voljeli ih.

Član crkve me jednom pitao da se molim za depresiju njegove žene. Također je rekao da je bio pijanica i jednom kada počne piti postane potpuno druga osoba i uzrokuje poteškoće članovima obitelji. Međutim, njegova žena je bila strpljiva s njim i pokušavala pokriti njegove greške ljubavlju. Ali njegove se navike nisu mijenjale, i s vremenom je postao alkoholičar. Njegova je žena izgubila želju za životom i obuzela ju je depresija.

Zadavao je takve poteškoće svojoj obitelji zbog svog opijanja, ali je primio moje molitve jer je i dalje volio svoju ženu. Nakon što sam poslušao njegovu priču, rekao sam mu, „Ako stvarno voliš svoju ženu, zašto je toliko teško prestati pušiti i piti?" Nije ništa rekao i činilo se da mu je nedostajalo samopouzdanja. Bilo mi je žao njegove obitelji. Molio sam se da se njegova žena izliječi od depresije, i molio sam se za njega da dobije snage prestati pušiti i piti. Božja snaga je nevjerojatna! Mogao je prestati razmišljati o piću odmah nakon molitve. Prije toga nije postojao način da prestane piti, ali je odmah prestao nakon moje molitve. Njegova se žena također izliječila od depresije

Biti strpljiv je početak duhovne ljubavi

Da bismo kultivirali duhovnu ljubav, moramo biti strpljivi s drugima u svim situacijama. Patiš li od neugodnosti zbog svoje upornosti? Ili, kakav je slučaj sa ženom u ovoj priči, postaješ obeshrabren ako nakon što si bio strpljiv toliko vremena a situacija se ni malo ne mijenja prema boljem? Tada, prije nego okrivimo okolnosti ili druge ljude, trebamo prvo pogledati svoje srce. Ako smo potpuno kultivirali srce u istini, ne postoji situacija u kojoj ne možemo biti strpljivi. Naime, ako ne možemo biti strpljivi, to znači da u našem srcu još ima zla, koje je neistina, do te iste mjere nam nedostaje strpljenja.

Biti strpljiv znači da smo strpljivi sa sobom i svim mukama na koje nailazimo kada pokušavamo pokazati pravu ljubav. Moguće su teške situacije kada pokušamo voljeti svakoga u poslušnosti prema riječi Božjoj, a to je strpljenje duhovne ljubavi kada smo strpljivi u svim tim situacijama.

Ovo strpljenje je drugačije od strpljenja kao jednog od devet plodova Duha Svetoga u poslanici Galaćanima 5:22-23. Kako je drugačije? „Strpljenje" je jedna od devet plodova Duha Svetoga koja nas tjera da budemo strpljivi u svemu za kraljevstvo i pravednost Boga sa strpljivosti u duhovnoj ljubavi je biti strpljiv kultivirati duhovnu ljubav, i kao tako ima uže i specifičnije značenje. Možemo reći da pripada sa strpljivosti koja je jedan od devet plodova Duha Svetoga.

U današnje vrijeme, ljudi lako dižu tužbe jedni protiv drugih zbog izazivanja i najmanje štete na njihovom vlasništvu ili njima. Postoji poplava tužbi među ljudima. Mnogo puta oni tuže svoje žene ili supruge, čak i svoju djecu ili roditelje. Ako si ti strpljiv prema drugima, ljudi bi ti se mogli rugati govoreći da si budala. Ali što Isus govori?

Rečeno je po Mateju 5:39, *„A ja vam kažem: Ne opirite se zlu, nego ako te tko udari po desnom obrazu, obrni mu i drugi"*, i po Mateju 5:40, *„Hoće li tko da se pravda s tobom i košulju tvoju da uzme, pusti mu i kabanicu"*.

Isus kaže da ne vraćamo zlo sa zlim, nego sa strpljenjem. On nam također govori da činimo dobro ljudima koji su zli. Mi možemo misliti, „Kako možemo činiti dobre stvari kad smo ljuti i povrijeđeni?". Ako imamo vjeru i ljubav, mi smo i više nego sposobni. To je vjera u ljubav Boga koji nam je dao Svog jedinog začetog Sina kao pomirbu za naše grijehe. Ako vjerujemo da možemo primiti takvu vrstu ljubavi, mi možemo oprostiti takvim ljudima koji su nam izazvali veliku patnju i ozljede. Ako vjerujemo u Boga koji nas je volio do te točke da je dao Svog jedinog začetog Sina za nas, i ako volimo gospoda koji je dao Svoj život za nas, mi ćemo moći voljeti bilo koga.

Strpljivost bez granica

Neki ljudi potiskuju svoju mržnju, gnjev, ili temperament i ostale negativne emocije dok ne dođu do granice svojeg strpljenja i eksplodiraju. Neki introvertni ljudi se ne izražavaju s lakoćom nego pate u svojim srcima, i to vodi do nepovoljnog zdravlja koje je prouzrokovano stresom. Takvo strpljenje je kao skupljena metalna opruga između tvojih ruku. Ako makneš ruke opruga će odskočiti.

Vrsta strpljenja koju Bog želi je biti strpljiv do kraja bez mijenjanja stava. Da budemo precizniji, ako imamo takvu vrstu strpljivosti, mi ne bi ni morali biti strpljivi s bilo čim. Ne bi skladištili mržnju i ljutnju u našim srcima, nego odstranili izvorni grijeh prirode koji uzrokuje takve teške osjećaje i okrenuti u ljubav

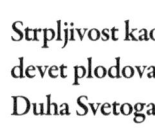

Strpljivost kao devet plodova Duha Svetoga

1. To znači odbaciti sve neistine i kultivirati srce istinom
2. To znači shvaćati ostale, tražiti njihove koristi, i biti u miru s njima
3. To znači primiti odgovore na molitve, spasenje, i stvari koje je Bog obećao.

i suosjećanje. To je suština duhovnog značenja strpljenja. Ako nemamo nimalo zla u našim srcima nego samo duhovnu ljubav u punoći, nije teško voljeti čak i neprijatelje. U stvari, mi nećemo dopustiti razvijanje nikoga u našeg neprijatelje.

Ako su naša srca ispunjena mržnjom, svađanjem, zavisti, i ljubomorom, prvo ćemo vidjeti negativne stvari u drugim ljudima, čak i ako su u stvari dobri. To je kao kad nosimo sunčane naočale sve se čini mračnije. U drugu ruku, međutim, ako su naša srca ispunjena s ljubavi, čak i ljudi koji rade zlo će se svejedno izgledati divno. Bez obzira kakav nedostatak, mana, greška ili slabost oni mogu imati, mi ih nećemo mrziti. Čak i ako nas mrze i djeluju sa zlom prema nama, mi ih ne mrzimo.

Strpljivost je isto i u srcu Isusa koji „ne lomi savijenu trsku ili gasi gorući fitilj". To je u srcu Stjepana koji se molio za one koji su ga kamenovali govoreći, *„Gospodine, ne uzimaj im ovo za grijeh!"* (Djela Apostolska 7:60). Zaustavili su ga samo propovijedajući mu evanđelje. Je li teško Isusu voljeti grešnike? Nipošto! To je zbog toga što je Njegovo srce sama istina.

Jedan dan Petar je pitao Isusa pitanje. *„Gospodine, ako brat moj pogriješi proti meni, koliko puta da mu oprostim? Do sedam puta?"* (Po Mateju 18:21). Tada Isus reče, *„Velim ti, ne do sedam puta, nego do sedamdeset put sedam puta"* (s. 22).

To ne znači da bi mu trebao oprostiti samo sedamdeset puta sedam koje je 490 puta. Sedam u duhovnom smislu simbolizira savršenost. Dakle, oprostiti sedamdeset puta sedam znači savršeni oprost. Možemo osjetiti Isusovu bezgraničnu ljubav i oprost.

Strpljivost koja ostvaruje duhovnu ljubav

Naravno nije jednostavno okrenuti našu mržnju u ljubav preko noći. Moramo biti strpljivi dugo vremena, bez prestajanja. Poslanica Efežanima 4:26 govori, *„Srdite se, a ne griješite, sunce neka ne zađe nad srdžbom vašom"*.

Ovdje govori „budite ljuti" u obraćanju onima sa slabom vjerom. Bog govori tim ljudima da iako postanu ljuti zbog manjka vjere, oni ne smiju gajiti ljutnju do sutona, prvenstveno „za dugo vremena", nego samo pustiti te osjećaje da odu. Unutar svakog je mjerilo vjere, čak i kad osoba možda rastu teški osjećaji ili gnjev u srcu, ako pokuša odbaciti te osjećaje sa strpljenjem i izdržljivosti, on može promijeniti svoje srce u istinu i duhovnu ljubav koja rast u njegovom srcu malo po malo.

Što se tiče grešne naravni koja se ukorijenila duboko u srcu, to se može odbaciti revno se moleći sa punoćom Duha Svetoga. Jako je važno da pokušavamo vidjeti ljude koje ne volimo sa naklonosti i pokazati im djela dobrote. Kako to činimo, mržnja u našim srcima će uskoro nestati, i mi ćemo moći voljeti takve ljude. Nećemo imati konflikte i neće biti nikoga za mrziti. Moći ćemo sretno živjeti na nebu baš kao što je Gospod rekao, *„Ovdje je ili ondje. Kraljevstvo je Božje među vama"* (Po Luki 17:21).

Ljudi kažu da je kao da su na Nebu koliko su sretni. Slično, kraljevstvo nebesko koje je u tvojoj okolici se odnosi na tvoje odbacivanje svih neistina iz srca i ispunjenja sa istinom, ljubavi i dobrotom. Tada nećeš morati biti strpljiv, jer si ti uvijek sretan i radostan i ispunjen sa radosti, i jer voliš sve oko sebe. Što si više odbacio zlo i ostvario dobrotu, manje ćeš trebati biti strpljiv. Što više ostvariš duhovne ljubavi, nećeš biti strpljiv potiskujući svoje osjećaje, moći ćeš strpljivo i mirno čekati da se drugi promjene sa ljubavi.

Na Nebu nema suza, nema tuge, i nema boli. Jer nema zla uopće samo dobrota i ljubav na Nebu, nećeš mrziti nikoga, naljutiti se ili biti naprasit prema bilo kome. Dakle, nećeš se morati suzdržavati i kontrolirati svoje osjećaje. Naravno naš Bog ne mora biti strpljiv u bilo čemu jer On je sama ljubav. Razlog da u Bibliji piše „ljubav je strpljiva" je jer, kao ljudi, mi imamo dušu i misli i mentalni okvir. Bog želi da ljudi shvate. Što si više odbacio zlo i ostvario dobrotu, manje ćeš trebati biti strpljiv.

Pretvarati neprijatelja u prijatelja kroz strpljivost

Abraham Lincoln, šesnaesti predsjednik SAD-a, i Edwin Staton nisu bili u dobrim odnosima kad su bili odvjetnici. Staton je bilo iz bogate obitelji i imao je dobro obrazovanje. Lincolnov je otac bio siromašni postolar i nije ni završio osnovnu školu. Staton se rugao Lincolnu sa oštrim riječima. Ali Lincoln se nikad nije ljutio, i nikad nije uzvraćao neprijateljstvo.

Nakon što je Lincoln izabran za predsjednika, imenovao je Stantona kao Tajnika za rat, koje je jedno od najvažnijih pozicija u vladi. Lincoln je znao da je Stanton prava osoba. Kasnije, kada je Lincoln ubijen u Fordovom kazalištu, mnogi su ljudi bježali za svoje živote. Ali Stanton je potrčao ravno prema Lincolnu. Držeći Lincolna u svojim rukama sa očima ispunjenim suzama, rekao je, „Ovdje leži najveći čovjek u pogledu svijeta. On je najveći vođa u povijesti".

Strpljivost u duhovnoj ljubavi može donijeti čuda i okrenuti neprijatelje u prijatelje. Po Mateju 5:45 govori „*...tada ćete biti djeca Oca svojega nebeskoga, koji pušta da sunce njegovo izlazi nad dobre i zle i daje da daždi nad pravedne i grješnike*".

Bog je strpljiv čak i sa tim ljudima koji su zli, čekajući da se promjene jednog dana. Ako se postupamo sa zlim prema zloj osobi, to znači da smo i mi zli, ali ako smo strpljivi i volimo ih gledajući u Boga koji će nas nagraditi, mi ćemo kasnije primiti prekrasna mjesta prebivanja na Nebu (Psalmi 37:8-9).

2. Ljubav je dobrostiva

Među Ezopovim basnama postoji priča o suncu i vjetru. Jedan dan sunce i vjetar su načinili okladu tko će biti prvi koji će otkloniti kaput nekog tko prolazi. Vjetar je otišao prvi, i trijumfalno uspuhao i poslao dovoljno snažan udar vjetra da otpiri drvo. Čovjek se još čvršće omotao oko kaputa. Sljedeće, sunce, noseći smiješak na licu, nježno je odavalo sunašce. Kako je postalo toplo, čovjek se osjećao toplim i uskoro je otklonio kaput.

Priča odaje važnu lekciju. Vjetar je pokušao sa silom skinuti kaput sa čovjeka, ali sunce je učinilo da čovjek sam skine kaput. Dobrota je nešto slično. Dobrota je dodir i daje srce drugima ne fizičkom silom, nego dobrotom i ljubavi.

Dobrota prihvaća bilo kakvu vrstu osobe

Onaj koji ima dobrotu može prihvatiti bilo kakvu osobu, i mnogo osoba se može odmoriti na njegovoj strani. Rječnik definira dobrotu kao „kvaliteta ili stanje dobrote" i biti dobar znači imati uzdržljivu narav. Ako misliš o komadu pamuka, možeš razumjeti dobrotu bolje. Pamuk ne čini nikakvu vrstu buke čak i ako ga se dira. Jednostavno obuhvaća sve druge objekte.

Isto tako, vrsta osobe je kao drvo na kojem se mnoge osobe mogu odmoriti. Ako moraš otići pod drvo tijekom vrućeg ljetnog dana da bi izbjegao goruće sunce osjećati ćeš se mnogo bolje i hladnije. Slično, ako netko ima dobro srce, mnogi ljudi će radije biti pored takve osobe i odmoriti se.

Obično, kada je čovjek toliko dobar da ne postaje ljut na nekog tko mu dosađuje, i ne insistira na svom mišljenju, kaže se da je blag i dobrog srca. Ali bez obzira koliko je blag i dobrog srca, ako tu dobrotu nije prepoznao Bog, on ne može tvrditi da je uistinu blag. Postoje neki koji slušaju druge jer su po svojoj naravi slabi i konzervativni. Postoje drugi koji potiskuju svoj gnjev iako su u svom umu ljuti na druge kada ih gnjave. Ali se ne može reći za njih da su dobri. Ljudi koji nemaju zla ali imaju samo ljubav u svojim srcima prihvaćaju i pretrpljuju zle ljude sa duhovnom blagosti.

Bog želi duhovnu ljubaznost

Duhovna ljubaznost je rezultat ispunjenja duhovne ljubavi nemajući zla. Sa tom duhovnom ljubaznosti ne staješ protiv nekog nego prihvaćaš ga, bez obzira koliki nitkov. Isto tako, ti trpiš jer si mudar. Ali moramo se sjetiti da mi se ne možemo smatrati ljubaznima samo zato što bezuvjetno razumijemo i opraštamo drugima i nježni smo prema svima. Moramo imati pravednost, dostojanstvo i autoritet da bi bili vodič i utjecaj drugima. Dakle duhovno ljubazna osoba nije samo blaga, nego i mudra i čestita. Takva osoba vodi primjeran život. Da bi bili još točniji o duhovnoj ljubaznosti, to je imati blagost u srcu kao i moralnu velikodušnost izvana.

Čak i ako posjedujemo srce koje nema zla nego samo dobrotu, ako imamo samo nutarnju nježnost, sama nježnost nas ne može natjerati da prihvatimo i imamo pozitivan utjecaj na druge. Dakle, kada imamo ne samo unutarnju ljubaznost, nego i vanjske karakteristike moralne velikodušnosti, naša dragost može se usavršiti i možemo pokazati veliku moć. Ako posjedujemo velikodušnost zajedno sa dobrim srcem, možemo pridobiti srca mnogo ljudi i postići puno više.

Netko može prikazati ljubav drugima kada ima dobrotu i ljubaznost u srcu, punoću suosjećanja, i moralnu velikodušnost i u mogućnosti je voditi druge na pravi put. Tada on može voditi mnoge duše na put spasenja, a to je pravi put. Unutarnja dobrota ne može sjati svojim sjajem bez moralne velikodušnosti izvana. Sad, prvo pogledajmo što trebamo učiniti da bi kultivirali unutarnju ljubaznost.

Standard po kojem se mjeri unutarnja ljubaznost je posvećenost

Da bi ostvarili ljubaznost, prvenstveno, moramo odbaciti zlo iz našeg srca i postati posvećeni. Dobro srce je kao pamuk, i čak i ako se netko ponaša agresivno, ne čini nikakav zvuk nego samo prihvaća takvu osobu. Netko sa dobrim srcem koje nema zla nema nikakvih konflikata sa bilo kojom osobom. Ali ako imamo oštro srce mržnje, ljubomore, ili zavisti ili otvrdnuo srce samo svijesti i ne mijenjajući mentalni okvir, jako je teško prihvatiti druge.

Ako kamen padne i udari drugi tvrdi kamen ili čvrsti metalni objekt, ono čini buku i odbije se od njega. Na isti način, ako je naše tjelesno još uvijek život, mi otkrivamo naše neugodne osjećaje čak i ako nam drugi izazivaju samo malo neugodnosti. Kada su ljudi prepoznati kao oni sa manjkom karaktera ili drugi mana, mi ih nećemo pokriti, zaštiti, ili razumjeti nego ćemo ih suditi, osuđivati, tračati i blatiti. To onda znači da su oni kao male lađe, koje se preliju ako pokušaš nešto staviti u njih.

To je malo srce koje je ispunjeno sa mnogim tjelesnim stvarima i nema više mjesta prihvatiti bilo što drugo. Na primjer, možemo se osjećati uvrijeđeno ako netko drugi istakne naše pogreške. Ili, ako vidimo kako drugi šapću, možemo pomisliti da pričaju o nama i pitati se što govore. Možda ćemo i suditi druge jer su nas na kratko pogledali.

Nemati zla u srcima je osnovni uvjet kultiviranja ljubaznosti. Razlog je taj kad nema zla mi možemo njegovati druge u našim srcima i vidjeti kroz dobrotu i ljubav. Dobra osoba vidi druge sa milosti i suosjećanjem svo vrijeme. On nema nikakvu namjeru suditi ili osuđivati druge; on samo pokušava shvatiti druge s ljubavi i dobrotom, čak i srce zle osobe će se otopiti s njegovom toplinom.

Posebno važno da oni koji uče i vode druge budu posvećeni. To mjere njihova zla, do te mjere će prihvatiti tjelesne misli. Do neke mjere, oni ne mogu točno odrediti situacije u župi, i rema tome ne mogu voditi duše do zelenih pašnjaka i mirnih voda. Možemo primiti vodstvo Duha Svetoga i razumjeti situaciju u župi točno i voditi ih najboljim putem samo kad smo potpuno posvećeni. Bog isto tako može prihvatiti samo one koji su posve posvećeni i posve dobri. Različiti ljudi imaju drugačije standarde o dobroti ljudi su dobri ljudi. Ali ljubaznost u ljudskom vidu i onom od Boga su različite.

Bog priznaje Mojsijevu ljubaznost

U Bibliji, Mojsijevu ljubaznost je Bog priznao. Mi možemo naučiti koliko je važno biti priznat od Boga iz Brojeva poglavlje 12. Jednom su Mojsija njegov brat Aaron i njegova sestra Mirijam kritizirali jer se oženio Etiopskom ženom.

Brojevi 12:2 govore, *„Nadalje rekoše: 'Zar je Gospod govorio samo preko Mojsija? Zar nije govorio i s nama?' To je čuo Gospod".*

Što je Bog rekao o tome što su rekli? *„S njim govorim od usta do usta. On smije gledati neskritu podobu i pojavu Gospoda. Zašto se dakle ne pobojaste prekoriti slugu mojega Mojsija?"* (Brojevi 12:8).

Aaronovi i Mirjamini osuđujući komentari prema Mojsiju su naljutili Boga. Zbog toga je Mirjam dobila gubu. Aaron je bio kao glasnogovornik za Mojsija a Mirjam je također bila jedna od vođa skupine. Misleći kako ih Bog voli i prepoznaje, i smatrajući kako je Mojsije učinio nešto pogrešno, odmah su ga počeli osuđivati zbog toga.

Bog nije prihvaćao da Aaron i Mirjam osuđuju i pričaju protiv Mojsija po svom vlastitom nahođenju. Kakav je Mojsije čovjek? Bio je priznat od Boga kao najponizniji i najpokorniji čovjek na zemlji. Također je bio odan cijeloj Božjoj kući, i zbog toga mu je Bog toliko vjerovao da je mogao s Bogom pričati licem u lice.

Ako promotrimo ljude Izraela koji su bježali iz Egipta i išli u Kanaan, možemo shvatiti zašto je Božje priznanje Mojsija bilo toliko visoko. Ljudi koji su izašli iz Egipta su učestalo činili grijehe, suprotstavljajući se Božjoj volji. Žalili su se na Mojsija i krivili ga za svaku malu poteškoću, a to je bilo jednako žaljenju na

Boga. Svaki put kada su se žalili, Mojsije je molio za Božju milost.

Dogodio se incident koji je dramatično pokazao Mojsijevu dobrotu. Dok je Mojsije bio na Sinajskoj gori kako bi dobio zapovijedi, ljudi su napravili idol – zlatno tele – i jeli su, pili i upuštali se u rasipanje dok su ga slavili. Egipćani su slavili boga poput bika i poput krave, i oni su imitirali takve bogove. Bog im je pokazao mnogo puta da je s njima, ali oni nisu pokazali nikakve znakove promjene. Naposljetku je Božji gnjev pao na njih. Ali u tom se trenutku Mojsije zauzeo za njih nudeći svoj život umjesto njihovog: *„Ipak mu sada oprosti grijeh njegov. Ako nećeš, onda me radije izbriši iz knjige, koju vodiš!"* (Izlazak 32:32).

„Knjiga koju si napisao" se odnosi na knjigu života koja bilježi imena onih koji su spašeni. Ako je tvoje ime izbačeno iz knjige života, ne možeš se spasiti. To znači ne samo da nećeš dobiti spasenje, nego to znači da ćeš patiti u paklu zauvijek. Mojsije je jako dobro znao o životu nakon smrti, ali je htio spasiti ljude iako bi se morao odreći spasenja za njih. Takvo srce Mojsijevo je bilo vrlo slično srcu Boga koji ne želi da itko nestane.

Mojsije je kultivirao dobrotu kroz iskušenja

Naravno, Mojsije nije imao takvu dobrotu od početka. Iako je bio Židov, odgajan je kao sin Egipatske princeze i ništa mu nije nedostajalo. Imao je obrazovanje najviše razine Egipatskog znanja i borilačkih vještina. Također je bio ponosan i samosvjestan. Jednog dana je vidio Egipćanina kako tuče Židova i zbog svoje samosvijesti, ubio je Egipćanina.

Zbog toga je preko noći postao bjegunac. Nadalje, postao je pastir u divljini uz pomoć svećenika Midiana, ali je izgubio sve. Čuvanje stada je nešto što Egipćani smatraju jako niskim. Četrdeset godina je radio ono na što je prije gledao s visoka. U međuvremenu je postao potpuno skroman, shvaćajući mnoge stvari o ljubavi Boga i životu.

Bog nije zvao Mojsija, princa Egipta, da bude vođa Izraelskog naroda. Bog je zvao Mojsija pastira koji se ponizio mnogo puta čak i na poziv Boga. Ponizio se potpuno i odbacio je zlo iz svog srca kroz izazove, i iz tog razloga je mogao voditi više od 600.000 ljudi iz Egipta u Kanaan.

Važna stvar u kultiviranju dobrote je da moramo kultivirati dobrotu dok se ponizujemo pred Bogom kroz iskušenja koja nam dopuštaju da ih prolazimo. Mjera naše poniznosti utječe na našu dobrotu. Ako smo zadovoljni našim trenutnim stanjem misleći da smo kultivirali istinu i da smo prepoznati kao što je slučaj s Aaronom, samo ćemo postati više arogantni.

Moralna velikodušnost usavršava duhovnu dobrotu

Da bismo kultivirali duhovnu dobrotu moramo ne samo postati posvećeni odbacujući svaki oblik zla, nego i kultivirati moralnu velikodušnost. Moralna velikodušnost znači široko razumjeti i pravedno prihvaćati druge; činiti pravu stvar u skladu sa dužnosti čovjeka; i to je također dopustiti drugima da predaju svoja srca, shvaćajući njihove nedostatke i prihvaćajući ih, a ne fizičkom snagom. Ljudi koji su takvi imaju ljubavi potaknuti samopouzdanje i vjeru u drugima.

Moralna velikodušnost je poput odjeće koju ljudi nose. Bez obzira koliko smo dobri unutra, ako smo goli, ljudi će gledati s visoka na nas. Slično tome, bez obzira koliko smo dobri, ne možemo stvarno pokazati svoju dobrotu ako nemamo moralnu velikodušnost. Na primjer, ako je osoba dobra unutra, ali govori mnoge nepotrebne stvari u razgovoru s drugima. Takva osoba nema nikakvih zlih namjera čineći to, ali ne može zapravo dobiti povjerenje drugih jer se ne ponaša pristojno i ne djeluje educirano. Neki im ljudi ne zamjeraju jer su dobri, i ne uzrokuju nikakvu štetu drugima. Ali ako ne pomažu aktivno drugima ili ne brinu pažljivo o drugima, teško im je pridobiti srca drugih ljudi.

Cvijeće koje nema prekrasne boje ili ugodan miris ne može privući pčele ni leptire prema sebi, iako imaju puno soka. Slično tome, čak iako imamo puno dobrote i možemo okrenuti drugi obraz nakon što nas netko ošamari, naša dobrota ne može blistati ako nemamo moralne velikodušnosti u svojim riječima i djelima. Prava dobrota se postiže i može prikazati svoju pravu vrijednost samo kada unutarnja dobrota nosi odjeću moralne velikodušnosti.

Josip je imao moralnu velikodušnost. On je bio jedanaesti sin Jakovljev, oca sveg Izraela. Braća su ga mrzila i prodala u Egipat kada je bio mlad. Ali uz Božju pomoć postao je premijer Egipta u svojoj tridesetoj godini. Egipat je u to vrijeme bio jaka nacija koja se nalazi na Nilu. Bila je jedna od četiri velike „kolijevke civilizacije". Vladari i stanovnici su bili vrlo ponosni na sebe, i nije bilo ni malo lagano biti premijer kao stranac. Ako bi našli i jednu manu, morao bi odmah podnijeti ostavku.

Čak i u takvoj situaciji, međutim, Josip je jako dobro i jako mudro upravljao Egiptom. Bio je dobar i ponizan, i nije imao mane u svojim riječima i djelima. Imao je mudrost i dostojanstvo vladara. Imao je moć koja je bila odmah ispod kralja, ali on nije pokušavao vladati ljudima ili se razmetati. Bio je strog prema sebi, ali bio je jako velikodušan i blag prema drugima. Prema tome kralj i drugi ministri nisu morali imati rezerve prema njemu i bili oprezni oko njega ili bili ljubomorni prema njemu, oni su imali potpuno povjerenje u njega. Možemo zaključiti po toj činjenici kako su toplo Egipćani dočekali Josipa u svoju obitelj, koji je otišao u Egipat iz Kanaana da bi izbjegao glad.

Josipova ljubaznost je ostvarena moralnim dobročinstvom

Ako netko ima moralnu velikodušnost, to znači da ima veliko srce, i neće suditi i osuđivati druge sa svojim standardima iako je čestit u svojim riječima i djelima. Josipove karakteristike su dobro pokazane kada su njegova braća, koja su ga prodala u egipatsko ropstvo, ušla u Egipat zbog hrane.

Na početku, braća nisu ni prepoznala Josipa. To je razumljivo jer ga nisu vidjeli više od dvadeset godina. Nadalje, nisu ni mogli zamisliti da je Josip postao premijer Egipta. Što li je Josip osjećao kada je vidio svoju braću koja su ga umalo ubila i naposljetku prodala u egipatsko roblje? Imao je moć kazniti ih zbog njihovih grijeha. Ali Josip se nije želio osvetiti. On je imao svoj identitet i testirao ih je par puta da vidi jesu li im srca još uvijek ista kao u prošlosti.

Josip im je zapravo davao šansu da se sami pokaju pred Bogom, zbog grijeha planiranja ubijanja i prodaje vlastitog brata u roblje u drugu zemlju što nije mala stvar. On im nije jednostavno oprostio ili ih kaznio, ali ih je vodio u situaciju u kojoj bi mu se braća pokajala za svoje grijehe. Naposljetku, samo nakon što su se braća pokajala, Josip je otkrio svoj identitet.

U tom trenutku, braća su se počela bojati. Njihovu su životi bili u rukama njihova brata Josipa koji je bio premijer Egipta, najjačeg naroda na zemlji u to doba. Ali Josip nije imao želje pitati ih zašto su napravili to što su napravili. Nije im prijetio govoreći, „Sad ćete platiti za svoje grijehe". Nego ih je pokušavao utješiti i umanjiti im brige. „*Ali sad se ništa ne uznemirujte i ne korite sebe zato, što me prodadoste ovamo; jer Bog me posla pred vama, da vas uzdrži na životu"* (Postanak 45:5).

On je potvrdio činjenicu da se sve događa prema Božjem planu. Josip nije samo oprostio svojoj braći u svom srcu nego je tješio njihova srca sa dirljivim riječima, shvaćajući ih u potpunosti. To znači da je Josip pokazao djelo koje može dodirnuti neprijatelje, a to je izvanjska moralna velikodušnosti. Josipova ljubaznost ostvarena moralnom velikodušnosti je bila izvor moći spašavanja mnogih ljudi u i oko Egipta u bazi ostvarivanja Božjeg nevjerojatnog plana. Kao što je objašnjeno do sada, moralna velikodušnosti je izvanjski izraz unutarnje ljubaznosti, i može pridobiti srca mnogih ljudi i pokazati veliku moć.

Posvećenost je potreba za moralnu velikodušnost

Baš kao što se unutarnja ljubaznost može ostvariti kroz posvećenost, moralna velikodušnost se može kultivirati kada odbacimo zlo i postanemo posvećeni. Naravno, ako netko i nije posvećen, mogao bi pokazati moralna i velikodušna djela do određenog omjera kroz obrazovanje ili jer je rođen sa dobrim srcem. Ali istinska moralna velikodušnost dolazi iz srca koje je slobodno od zla i slijedi samo istinu. Ako želimo potpuno kultiviramo moralnu velikodušnost, nije dovoljno iščupati samo glavno korijenje zla u našim srcima. Moramo odbaciti čak i tragove zla (1. Poslanica Solunjanima 5:22).

Ovo je citati po Mateju 5:48, *„Budite dakle savršeni, kao što je savršen Otac vaš nebeski"*. Kada smo odbacili sve vrste zla iz naših srca i postali besprijekorni u našem radu, djelima, i ponašanjima, možemo kultivirati ljubaznost tako da se mnogi ljudi mogu odmarati u nama. Iz tog razloga mi ne možemo biti potpuno zadovoljni kad dođemo do nivoa na kojem smo odbacili zla kao što su mržnja, zavist, ljubomora, arogancija, i temperament. Moramo odbaciti i manja nedjela tijela i pokazati djela istine kroz riječ Boga i revnim molitvama, i primanjem uputa Duha Svetoga.

Što su nedjela tijela? Poslanica Rimljanima 8:13 govori, *„...jer ako živite po tijelu, umrijet ćete; ako li Duhom djela tjelesna umrtvite, živjet ćete"*.

Ovdje se tijelo ne odnosi na fizičko tijelo. Tijelo se duhovno odnosi na tijelo čovjeka nakon što je istina izašla iz njega. Dakle, djela tijela se odnose na djela koja dolaze od neistine koja su ispunila čovječanstvo koje se pretvorilo u tijelo. Djela tijela ne uključuju samo grijeh nego sve vrste nesavršenih djela ili akcija.

Ja sam imao jedinstveno iskustvo u prošlosti. Kada sam dodirnuo bilo koji objekt, osjetio sam kao da sam primio električni šok i trznuo bih se svaki put. Počeo sam se bojati bilo što dotaknuti. Naravno, kada bih poslije toga dodirnuo bilo što, imao sam pobožan um zazivajući Gospoda. Nisam imao taj osjećaj kada sam dodirnuo objekte jako oprezno. Kada sam otvarao vrata, dirao sam kvaku jako nježno. Morao sam biti jako oprezan kada sam se rukovao sa članovima crkve. Takav je fenomen potrajao nekoliko mjeseci, i svo moje ponašanje je postalo jako oprezno i nježno. Kasnije sam saznao da je Bog činio moja djela tijela savršenim kroz takva iskustva.

Mogao bi smatrati to nevažnim, ali način ponašanja je jako važan. Neki ljudi redovno čine fizički kontakt s drugima kada se smiju ili pričaju s ljudima koji su pored njih. Neki imaju jako glasan glas bez obzira na vrijeme ili mjesto i uzrokuje nelagodu drugima. Njihovo ponašanje nije velika greška, ali su svejedno nesavršena nedjela tijela. Oni koji imaju moralnu velikodušnost imaju ispravno ponašanje u svojem svakodnevnom životu, i mnogi ljudi žene naći odmora u njima.

Promjeni karakter srca

Slijedeće, moramo kultivirati karakter u našim srcima da bi imali moralnu velikodušnost. Karakter srca se odnosi na veličinu srca. Prema svačijem karakteru srca, neki ljudi čine više nego je očekivano dok drugi čine samo ono što im je rečeno, dok treći čine manje od toga. Čovjek sa moralnom velikodušnosti ima karakter srca koje je veliko i široko, pa on ne gleda samo na svoje osobne stvari, nego se brine i o ostalima.

Poslanica Filipljanima 2:4 govori, *"Ne gledajte svaki na svoje, nego i na ono, što je drugih"*. Karakter srca može postati različit u ovisnosti koliko široko mi možemo raširiti srce u svim okolnostima, tako da se možemo promijeniti kroz kontinuirane napore. Ako mi nestrpljivo gledamo samo za naše osobne koristi, moramo se moliti u detalje i promijeniti naš uski um u široki koji prvo razmišlja o koristi i situaciji drugih.

Dok nije prodan u roblje Egiptu, Josip je odgajan kao biljke i cvijeće u stakleniku. Nije mogao riješiti svaku situaciju u kući ili mjeriti srca i situacije svoje braće koje njihov otac nije volio. Međutim kroz različite kušnje, on je dobio srce koje promatra i upravlja svakim kutkom svoje okoline, i on je naučio kako razmotriti srca drugih.

Bog je proširio Josipovo srce kao pripremu za vrijeme kad će Josip postati premijer Egipta. Ako ostvarimo ovaj karakter srca zajedno sa dobrim i besprijekornim srcem, možemo upravljati i paziti na veliku organizaciju. To je vrlina koju vođa mora imati.

Blagoslov za dobre

Kakvu će vrstu blagoslova dobiti oni koju su ostvarili savršenu ljubaznost odstranjujući zlo iz svojih srca i kultivirajući unutarnju moralu velikodušnost? Kao što je rečeno po Mateju 5:5, *„Blagoslovljeni su krotki! Oni će posjedovati zemlju"*, i u Psalmima 37:11, *„A smjerni posjeduju zemlju i raduju se punini mira"*, oni mogu naslijediti zemlju. Zemlja ovdje simbolizira mjesto prebivanja kraljevstva nebeskog, i naslijediti zemlju znači „uživati veliku moć Neba u budućnosti".

Zašto bi uživali veliki autoritet na Nebu? Dobra osoba

osnažuje druge duše sa srcem našeg Oca Boga i pomiče njihova srca. Što nježniji postaje, više se duša može odmoriti u njemu i biti vođene na put spasenja. Ako možemo postati veliki čovjek u kojem mnogi mogu naći odmora, to znači da možemo služiti druge do velike mjere. Nebeski autoritet će dobiti oni koji služe. Po Mateju 23:11 piše, „*Tko je najveći među vama, neka bude sluga vas*".

Prema tome, nježna osoba će uživati golemu moć i naslijediti će široku i veliku zemlju kao prebivalište kad dođe na Nebo. Čak i na ovoj zemlji, oni koji imaju veliku moć, bogatstvo, ugled i autoritet, slijede mnogi ljudi. Ali ako izgube nešto što posjeduju, oni će izgubiti većinu autoriteta, i mnogi ljudi koji su ih slijedili će ih napustiti. Duhovni autoritet koji slijedi dobru osobu je drugačiji od ovog svijeta. Ne nestaje niti se mijenja. Na ovoj zemlji, kako duša napreduje, on je uspješan u svemu. Isto tako, na Nebu njega će Bog zauvijek jako puno voljeti i nebrojene će ga duše poštovati.

3. Ljubav ne zavidi

Neki odlični studenti se dogovore i skupe svoje bilješke o pitanjima koje su prethodno propustili na ispitu. Oni preispitaju razlog zašto nisu uspjeli odgovoriti na pitanje točno i razumjeti predmet temeljito prije nego krenu dalje. Kažu da je ova metoda jako učinkovita za učenje predmeta za koji smatraju da je težak u kratko vrijeme. Ta se ista metoda može primijeniti na kultiviranje duhovne ljubavi. Ako preispitamo naša djela i riječi u detalje i odbacimo svaki od naših nedostataka jedan po jedan, možemo ostvariti duhovnu ljubav u kratko vrijeme. Pogledajmo sada slijedeću karakteristiku duhovne ljubavi- „ljubav nije ljubomorna".

Ljubomora nastupa kada osjećaj ljubomorne gorčine i nesretnosti naraste i kad su zla djela počinjena protiv druge osobe. Ako imamo osjećaj ljubomore i zavisti u našem umu, imati ćemo loše osjećaje kada vidimo kako nekog hvale ili favoriziraju. Ako smatramo da je neka osoba obrazovanija, bogatija ili sposobnija od nas, ako jedan od naših kolega postane uspješan i uživa naklonost mnogih ljudi, mi se osjećamo zavisni. Nekada mi možemo mrziti tu osobu, želim ga prevariti iz svega što ima i pregaziti ga.

U drugu ruku mi se možemo osjećati obeshrabreno misleći, „Njega svi favoriziraju, a što je sa mnom? Ja sam ništa!" Drugim riječima, osjećamo se tužni jer se uspoređujemo s drugima. Kada se osjećamo obeshrabrenim neki od nas mogu misliti da to nije ljubomora. Ali, ljubav se raduje sa istinom. Drugim riječima, ako imamo pravu ljubav mi se radujemo kada je druga osoba uspješna. Ako se mi obeshrabrivamo i korimo, ili se ne veselimo sa istinom, to je zbog toga što je naš ego ili „suština" još uvijek aktivna. Jer je naša „suština" još živa, naš ponos je povrijeđen kada se osjećamo manjima od drugih.

Kada zavidan um raste i kada izađu opake riječi i djela, to je ljubomora o kojoj Ljubavno Poglavlje priča. Ako se ljubomora razvije u ozbiljnije stanje, možemo naštetiti ili čak i ubiti druge ljude. Ljubomora je vanjsko otkrivanje zla i prljavog srca, i prema tome teško je za one koji su ljubomorni primiti spasenje (Poslanica Galaćanima 5:19-21). To je zato što je ljubomora očiti rad tijela, koje je grijeh počinjen izvana. Ljubomora se može kategorizirati u nekoliko vrsta.

Ljubomora u romantičnim odnosima

Ljubomora je izazvana kada osoba u odnosu želi primiti više ljubavi i naklonost od drugog nego što on/ ona prima. Na primjer, dvije Jakobova žene, Lea i Rahel, su bile ljubomorne jedan na drugu i svaka je željela više Jakobove naklonosti. Lea i Rahel su bile sestre, kćeri Labanove, Jakobovog ujaka.

Jakob je oženio Leu kao rezultat obmanjivanja njegova ujaka Labana bez obzira na njegove želje. Jakob je zapravo volio Leinu mlađu sestru Rahel, i dobio ju kao ženu nakon 14 godina službe kod svog ujaka. Od početka Jakob je više volio Rahel nego Leu. Ali Lea je rodila četvero djece dok Rahel nije mogla roditi niti jedno.

U to vrijeme bilo je sramotno za ženu nemati djece, i Rahel je bila kontinuirano ljubomorna na svoju sestru Leu. Bila je toliko zaslijepljena ljubomorom da je gnjavila svog supruga Jakoba. „*Daj mi djece, inače umrijet ću!*" (Postanak 30:1).

I Rahel i Lea su davale svoje sluškinje Jakobu kao konkubine da bi pridobile njegovu ljubav. Ako su imale i malo prave ljubavi u svojim srcima, one bi se radovale kada je druga bila favorizirana. Ljubomora ih je sve učinila nesretnima- Leu, Rahel, i Jakoba. Nadalje, utjecalo je na njihovu djecu.

Ljubomora kada je situacija kod drugih povoljnija

Aspekt ljubomore za svaku osobu je drugačije prema vrijednostima njihova života. Ali obično kad je drugi bogatiji, obrazovaniji, i sposobniji nego mi ili kada je drugi favoriziraniji i voljeniji mi postajemo ljubomorni. Nije teško naći se u takvoj situaciji ljubomore u školi, na poslu, i u kući kada ljubomora dođe iz osjećaja da je netko drugi bolji od nas. Kada vršnjak napreduje i uspješniji je od nas, i ga mrzimo i blatimo ga drugima. Mi možemo misliti da moramo gaziti po drugima da bi bili uspješniji i favoriziraniji.

Na primjer, neki ljudi otkrivaju mane drugih i nedostatke na poslu i uzrokuju im da dođu u nepravedno sumnju i ispitivanje starijih kolega jer oni žele biti ti koji će dobiti napredovanje u tvrtki. Mladi studenti nisu iznimka u ovome. Neki studenti gnjave druge studente koji akademski uspijevaju ili zlostavljaju te studente koje učitelji favoriziraju. Kući, djeca blate i svađaju se sa braćom i sestrama u cilju da dobiju veće priznanje i naklonost roditelja. Drugi to čine jer žele naslijediti imovinu svojih roditelja.

To je bio slučaj sa Kainom, prvim ubojicom u povijesti čovječanstva. Bog je prihvatio Abelovu žrtvu. Kain se osjećao obezvrijeđeno i njegova se ljubomora je sve više gorjela u njemu i u konačnici je ubio svog brata Abela. On je morao uzastopno čuti o žrtvovanju krvi životinja od njegovih roditelja, Adama i Eve, i to je jako dobro znao. *„I gotovo sve se krvlju čisti po zakonu, i bez proljevanja krvi nema oproštenja"* (Poslanica Hebrejima 9:22).

Ipak, on je prinio žrtvu žetve zemlje koju je on obrađivao. Suprotno od toga, Abel je prinio žrtvu prvorođene ovce sa srcem koje je slijedilo volju Boga. Neki bi rekli da nije teško Abelu prinijeti žrtvu janjeta jer je on bio stočar, ali to nikad nije slučaj. On je naučio volju Boga od svojih roditelja i želio je slijediti Njegovu volju. Iz tog razloga Bog je prihvatio Abelovu žrtvu. Kain je postao ljubomoran na svog brata, a kamoli žaleći svoju grešku. Jednom kad je zapaljeno, plamen ljubomore se ne može ugasiti, i u konačnici je ubio svog brata Abela. Koliko su boli Adam i Eva imali zbog toga!

Ljubomora između braće u vjeri

Neki vjernici su ljubomorni na drugog brata i sestru u vjeri koji su ispred njih u redu, poziciji, vjeri, ili vjernosti Bogu. Takav se fenomen obično događa kada su slične dobi, pozicije, i dužine vremena koje su bili vjernici, ili kad se znaju jako dobro.

Po Mateju 19:30 govori, *„Mnogi, koji su prvi, bit će posljednji, i mnogi, koji su posljednji, bit će prvi"*, nekada oni koju su manje godina od nas vjernici, starost i crkvene titule pređu ispred nas. Onda bi mogli osjetiti jaku ljubomoru prema njima. Takva ljubomora ne postoji samo među vjernicima u istoj crkvi. Može biti između pastora i crkvenih članova, među crkvama, ili čak između kršćanskih organizacija. Kada osoba daje hvalu Bogu, svi bi se trebali zajedno radovati, ali oni radije ogovaraju druge kao heretike u pokušaju da sruše ime organizacije drugih ljudi. Kako bi se roditelji osjećali da se njihova djeca svađaju i mrze jedni druge? Čak i ako bi im djeca davala dobru hranu i dobre stvari, ne bi mogli biti sretni. I ako se vjernici koji su ista djeca Boga tuku i svađaju međusobno, ili ako postoji ljubomora među crkvama, to će prouzročiti da Gospod tuguje još i više.

Saulova ljubomora prema Davidu

Saul je bio prvi kralj Izraela. On je potratio svoj život tako što je bio ljubomoran na Davida. Za Saula, David je bio kao junak koji je spasio njegovu zemlju. Kada je moral vojnika pao zbog zastrašivanja filistejskog Golijata, David se jako brzo uzdigao i spustio filistejskog prvaka sa običnom praćkom. Taj jednostavan čin je donio Izraelu pobjedu. Od tada, David je izvršio mnoge zaslužne zadaće u zaštiti zemlje od Filistejaca. Problem je u tom trenutku narastao između Saula i Davida. Saul je čuo nešto jako potresno iz gomile koja je dočekivala Davida koji se vratio sa pobjedom sa bojišta. Bilo je to, *„Saul pobi svoju tisuću, a David svojih deset tisuća"* (1 Samuelova 18:7).

Saulu je bilo vrlo neugodno i on je mislio „Kako me mogu uspoređivati sa Davidom? Oni nije ništa doli pastir!"

Njegov je gnjev eskalirao dok je mislio o toj primjedbi. On nije mislio da je uredu što ljudi slave Davida toliko, i od tada Davidova djela su mu se činila sumnjivima. Saul je vjerojatno mislio da David djeluje na taj način da kupi srca ljudi. Sad je strijela Saulova bijesa bila usmjerena na Davida On je mislio, „Ako je David već pridobio srca ljudi, pobuna je samo pitanje vremena!".

Kako su njegove misli postajale sve pretjeranije, Saul je tražio priliku ubiti Davida. U jedno vrijeme, Saul je patio zbog zlih duhova i David je svirao harfu za njega. Saul je vidio priliku i bacio koplje na njega. Srećom David je izbjegao i pobjegao. Ali Saul nije odustao od svojih napora da ubije Davida. On je kontinuirano progonio Davida sa svojom vojskom.

Unatoč tomu, David nije imao želje ozlijediti Saula jer je Bog pomazao kralja, i kralj Saul je to znao. Ali plamen Saulove ljubomore koji je gorio se nije ni malo ohladio. Saul je stalno patio od poremećenih misli koji su nastajali iz ljubomore. Dok nije ubijen u bitci sa Filistejcima, Saul nije imao odmora zbog svoje ljubomore prema Davidu.

Oni koji su ljubomorni na Mojsija

U Brojevima 16 čitamo o Korahu, Datanu i Abiramu Korah je bio Levit, i Datan i Abiram su bili iz Rubenovog plemena. Oni su bili kivni na Mojsija i njegova brata i pomagača Aarona. Oni su zamjerali činjenicu da je Mojsije bio princ Egipta i sad je vladao nad njima iako je bio bjegunac i pastir u Midianu. Drugim riječima, oni su željeli postati vođe. Dakle, oni su povezali ljude da bi pripadali njihovoj grupi.

Korah, Datan, i Abiram su skupili 250 ljudi da ih slijede i oni su mislili da idu uzeti veliku moć. Oni su otišli do Mojsija i Aarona i svađali su se s njima. Oni su rekli, *„Dosta neka vam je. Sva zajednica, svi skupa sveti su, i Gospod je među njima. Zašto se vi uzdižete nad zajednicu Gospodnju?"* (Brojevi 16:3).

Iako se nisu suzdržavali dok su mu se suprotstavljali, Mojsije im nije ništa rekao. On je samo kleknuo pred Boga i molio se i pokušao im pokazati njihovu greško i molio Boga za Njegov sud. U to vrijeme probudio se Božji gnjev protiv Koraha, Abirama i Dantana i onih koji su bili s njima. Zemlja je otvorila svoja usta, i Korah, Datan i Abiram, zajedno sa njihovim ženama i djecom i njihovim malenima i pali živi u Podzemlje. Vatra je došla od Gospoda i progutala dvjesto pedeset ljudi koji su nudili tamjan.

Mojsije nije tim ljudima ništa napravio (Brojevi 16:15). On je činio najbolje što je mogao u vođenju tih ljudi. Dokazao je da je Bog s njim s vremena na vrijeme kroz znakove i čuda. Pokazao im je Deset Pošasti u Egiptu; preveo ih je preko Crvenog Mora na suhoj zemlji razdvajajući ga na dva djela; dao im je vodu iz kamena i hranio ih manom i prepelicama u divljini. Čak i tada ogovarali su i stajali protiv Mojsija govoreći da se sam uzdigao.

Bog je pokazao kako je veliki grijeh biti ljubomoran na Mojsija. Suditi i osuđivati čovjeka kojeg je Bog uspostavio je isto kao suditi osuđivati Samog Boga. Dakle, ne smijemo neoprezno kritizirati crkve ili organizacije koje operiraju u ime gospoda govoreći da su pogrešne i heretičke. Jer smo svi mi braća i sestre u Bogu, ljubomora između nas je veliki grijeh pred Bogom.

Ljubomora na beznačajne stvari

Možemo li dobiti sve što želimo samo ako budemo ljubomorni? Nipošto! Moći ćemo staviti druge osobe u tešku situaciju i moglo bi se čini da idemo ispred njih, ali u stvari mi ne možemo dobiti sve što želimo. Jakovljeva Poslanica 4:2 govori, *„Želite i nemate;*

ubijate. zavidite, i ne možete postići; borite se i vojujete".

Umjesto ljubomore, razmisli što je zapisano po Jobu 4:8, *„Vidio sam: tko je orao nesreću; sijao zlodjela, taj je to i žeo".* Zlo koje činiš će ti se vratiti kao bumerang.

Odmazda za zlo koje si posijao, možda ćeš se suočiti sa nesrećama u tvojoj obitelji ili na poslu. Mudre Izreke 14:30 govore, *„Život je tijelu srce mirno, a strast je kao gnjilež u kostima",* ljubomora rezultira samo u samo nanesenoj šteti, i kao takva potpuno je beznačajna. Dakle, ako želi ići ispred drugih, moraš pitati Boga koji sve kontrolira nego trošiti svoju energiju u mislima i djelovati iz ljubomore.

Naravno, ne možemo dobiti sve što tražiš. U Jakovljevoj poslanici 4:3 piše, *„Molite, i ne primate, jer zlo molite, da u nasladama svojim trošite".* Ako pitaš nekog da troši na tvoje užitke, ti ih ne možeš primiti jer to nije po Božjoj volji. Ali u većini slučajeva ljudi pitaju slijedeći svoju žudnju. Oni pitaju za bogatstvo, slavu, i moć za svoj vlastiti komfor i ponos. To me rastužuje tijekom mog svećeništva. Pravi i istinski blagoslov nije bogatstvo, slava, i moć nego uspijevanje duše.

Bez obzira koliko stvari imaš i uživaš, kakve je to svrhe ako ne primiš spasenje? Moramo se sjetiti da će sve stvari na ovoj zemlji nestati kao magla. 1. Ivanova poslanica 2:17 govori, *„I svijet prolazi i požuda njegova; a tko čini volju Božju, ostaje dovijeka",* i Propovjednik 12:8 govori, *„'Taština nad taštinama!' veli propovjednik, 'sve je taština!'"*

Nadam se da nećeš postati ljubomoran na svoju braću i sestre držeći se beznačajnih stvari ovog svijeta nego imati srce koje je dobro u očima Boga. Tada, Bog će odgovoriti svim željama tvoga srca i dati ti vječno kraljevstvo Neba.

Ljubomora i duhovne želje

Ljudi vjeruju u Boga a ipak postaju ljubomorni jer imaju malo vjere i ljubavi. Ako ti manjka ljubavi za Boga i imaš malo vjere u nebesko kraljevstvo, možda ćeš postati ljubomora za više bogatstva, slave, i moći ovoga svijeta. Ako imaš puno uvjerenje u prava kao dijete Boga i stanovnik Neba, braća i sestre u Kristu su mnogo važniji nego tvoja svjetovna obitelj. To je zato što vjeruješ da ćeš živjeti vječno s njim na Nebu.

Za nevjernike koji nisu prihvatili Isusa Krista su prevrijedni i oni su ti koje trebamo voditi u nebesko kraljevstvo. Po njihovoj vjeri, mi možemo kultivirati pravu ljubav u nama, mi ćemo zavoljeti naše susjede i sebe same. Onda, kada su drugi zbrinuti, mi ćemo biti sretno kao da smo mi zbrinuti. Oni koji imaju pravu vjeru ne traže beznačajne stvari svijeta, nego pokušavaju biti marljivi u Gospodovom radu da bi silom uzeli mjesto u nebeskom kraljevstvu. Prvenstveno, imat će duhovne čežnje.

„Od dana Ivana Krstitelja do sada trpi kraljevstvo nebesko silu, i silnici gledaju da ga ugrabe" (Po Mateju 11:12).

Duhovne čežnje su zasigurno drugačije od ljubomore. važno je imati čežnje da bi bio entuzijastičan i vjeran u Gospodov rad. Ali ako strast pređe liniju i udalji se od istine ili prouzroči da se drugi spotaknu, to nije prihvatljivo. Dok smo vatreni u našem radu za gospoda, moramo paziti na potrebe ljudi oko nas, tražiti njihove koristi, i tražiti mir sa svakim.

4. Ljubav se ne ponosi

Postoje ljudi koji se uvijek hvale samim sobom. Nije ih briga što drugi osjećaju dok se oni hvale. Oni se samo žele razmetati s onim što imaju dok traže priznanje drugih. Josip se hvalio svojim snom kad je bio mladi dečko. To je uzrokovalo da ga braća mrze. Pošto ga je otac volio na specijalan način, nije stvarno razumio srce njegove braće. Kasnije, on je prodan kao rob u Egipat i prošao mnoga iskušenja da bi konačno kultivirao duhovnu ljubav. Prije nego ljudi kultiviraju duhovnu ljubav, oni mogu prekinuti mir razmetanjem i uzdizanjem samih sebe. Zbog toga Bog kaže, „Ljubav se ne hvali".

Jednostavno rečeno, hvaliti se znači otkrivati samog sebe. Ljubi obično žele biti prepoznati ako su učinili nešto bolje od drugih. Što bi bio učinak hvaljenja?

Na primjer, neki roditelji su pompozni i hvalisavi prema svojoj djeci koja uče jako dobro. Onda drugi bi se ljudi mogli radovati s njima, ali većina njih ima povrijeđen ponos i loše osjećaje o tome. Oni će prigovarati svom djetetu bez razloga. Bez obzira koliko dobro tvoje dijete uči, ako imaš i malo dobrote prema osjećajima drugih, nećeš se hvaliti svojim djetetom. Željet ćeš i da susjedovo dijete uči dobro, i ako to učini, bit ćeš radostan komplimentirajući ga.

Oni koji su hvalisavi naginju biti manje željni priznati i pohvaliti druge ljude na njihovom dobrom poslu. Na jedan način ili drugi oni naginju degradirati druge jer misle da su oni toliko nevažni da ih drugi ni ne primjećuju. Ovo je samo jedan od načina na koji hvaljenje uzrokuje probleme. Djelujući tako, hvalisavo srce je jako daleko od prave ljubavi. Možemo misliti da ako se hvalisaš bit ćeš prepoznat, ali ti je tako teže prepoznati kada primiš iskreno poštovanje i ljubav. Umjesto ljudi oko tebe koji ti zavide, izazvat ćeš kivnost i ljubomoru prema sebi. „*A sad se hvalite svojim hvalisanjem. Svaka je hvala takva zla*" (Jakovljeva poslanica 4:16).

Hvalisav ponos života dolazi iz ljubavi prema svijetu

Zašto se ljudi hvale? Zato što u sebi imaju hvalisav ponos života. Hvalisav ponos života se odnosi na „prirodu razmetanja sobom prema užicima ovog svijeta". Ovo dolazi iz ljubavi prema svijetu. Ljudi se obično hvale stvarima za koje smatraju važnima. Oni koji imaju novca će se hvaliti novcem koji imaju, a oni koji smatraju vanjski izgled važnim, hvaliti će se s tim. Prvenstveno, oni stavljaju novac, vanjski izgled, slavu, ili socijalnu snagu ispred Boga.

Jedan od članova naše crkve je imao uspješan posao prodajući računala poslovnim konglomeratima iz Koreje. Želio je proširiti posao. Uzeo je mnogo različitih vrsta zajmova i investirao je u franšizu internet kafića i internet emitiranja. Osnovao je tvrtku sa početnim kapitalom od dvije milijarde wona, što je otprilike dva milijuna US dolara.

Ali okretaj je bio spor i gubitci su se gomilali i u konačnici je tvrtka bankrotirala. Njegova je kuća završila na aukciji, i dužnici su ga ganjali. Morao je živjeti u maloj kući u podrumu ili na krovu. Sad je počeo gledati u sebe. Shvatio je da se želio hvaliti svojim uspjehom i imao je pohlepu za novcem. Shvatio je da je gnjavio ljude oko sebe jer je želio proširiti posao izvan svoje sposobnosti.

Temeljno se pokajao pred Bogom sa svim srcem i odbacio pohlepu, on je bio sretan dok je imao posao čisteći kanalizaciju i septičke jame. Bog je razmotrio njegovu situaciju i pokazao mu put zasnivanja novog posla. Sad on putuje pravim putem svo vrijeme, i njegov posao uspijeva.

1. Ivanova Poslanica 2:15-16 nam govori, *„Ne ljubite svijeta, ni što je u svijetu. Ako tko ljubi svijet, nema ljubavi Očeve u njemu. Jer sve, što je u svijetu požuda je tijela, požuda očiju i oholost života, nije od Oca, nego od svijeta".*

Ezekija, trinaesti kraj Južne Judeje, bio je čestiti u očima Boga i bio je pročišćen u Hramu. On je prevladao invaziju Asirije kroz molitvu, kada je postao bolestan, on se molio sa suzama i primio 15- godišnje produženje života. Ali svejedno je ostao hvalisav ponos života u njemu. Nakon što se oporavio od bolesti, Babilon je poslao svoje diplomate.

Ezekija je bio tako sretan što ih može primiti i pokazao im je svoje riznice, srebro i zlato i začine i vrijedna ulja i njegovu cijelu oružarnicu i sve što se može naći u njegovim riznicama. Zbog svog hvaljenja, Južnu Judeju je Babilon napao i sve su riznice uzete (Izaija 39:1-6). Hvaljenje dolazi iz ljubavi prema svijetu, i znači da osoba nema ljubavi prema Bogu. Dakle, da bi kultivirali pravu ljubav, moramo odbaciti hvalisav ponos života iz srca.

Hvalisanje u Gospoda

Ta je vrsta hvalisanja dobra. To je hvalisanje u Gospoda kao što je zapisano u 2. poslanici Korinčanima 10:17, *"A tko se hvali, u Gospodinu neka se hvali"*. Hvalisanje u Gospodina je davanje slave Bogu, što je još bolje. Dobar primjer takvog hvalisanja je "svjedočanstvo".

Pavao je u poslanici Galačanima 6:14 rekao, *"A ja, Bože sačuvaj, da se čim drugim hvalim, osim križem Gospodina našega Isusa Krista, po kojemu je meni svijet raspet, i ja svijetu"*.

Kao što je rekao, mi hvalisamo Isusa Krista koji nas je spasio i dao nam nebesko kraljevstvo. Bili smo osuđeni na vječnu smrt zbog naših grijeha, ali zahvaljujući Isusu koji je platio grijehe na križu, dobili smo vječan život. Kako mu zahvalni moramo biti!

Zbog toga se apostol Pavao hvalisao svojim manama. U 2. poslanici Korinčanima 12:9 piše, *"I reče mi: 'Dosta ti je milost moja, jer se sila u slabosti usavršava'. Rado ću se dakle hvaliti svojim slabostima, da se nastani u meni sila Kristova"*.

U stvari, Pavao je izvodio mnoge znakove i čuda i ljudi su donosili rupce i pregače da ih on dodirne da bi bolesni mogli ozdraviti. On je načinio tri misionarska putovanja vodeći mnoge ljude do Gospoda i osnivajući crkve u mnogim gradovima. Ali on kaže da nije on taj koji je to sve učinio. On je samo hvalio milost Boga i moć Gospoda koji su mu omogućili da sve to napravi.

Danas, mnogi ljudi svjedoče o sretanju i doživljavanju živućeg Boga u svojim svakodnevnim životima. Oni dostavljaju ljubav Boga govoreći da su primili ozdravljanje od bolesti, financijski blagoslov, i mir u obitelji kad su tražili Boga iskreno i pokazali djela ljubavi prema njemu.

Kao što je napisano u Mudrim Izrekama 8:17, *"Ja ljubim one, koji ljube mene i koji me braze, nađu me"*, oni su zahvalni što su iskusili veliku ljubav Boga i dobili su veliku vjeru, što znači da su primili duhovni blagoslov. Takvo hvalisanje u Gospoda daje hvalu Bogu i zasađuje vjeru i život u srca ljudi. Čineći to oni skladište nagrade na Nebu i želje njihova srca će se odgovoriti tim brže.

Ali moramo paziti ovdje na jednu stvar. Neki ljudi kažu da daju hvalu Bogu ali u stvarnosti oni pokušavaju učiniti sebe ili što su učinili poznate drugima. Oni indirektno pokazuju da su u mogućnosti primiti blagoslov zbog svojih napora. Čini se da daju slavu Bogu, ali stvarno oni uzimaju zasluge. Sotona će podići optužbe protiv takvih ljudi. Nakon svega, rezultat hvalisanja samih sebe će biti otkriven, oni će se možda susresti sa različitim vrstama testova i izazova, ili ako ih nitko ne prepozna samo se udaljiti od Boga.

Poslanica Rimljanima 15:2 piše, *„Svaki od nas neka ugađa bližnjemu, da napreduje u dobru"*. Kako što je rečeno, uvijek trebamo pričati za susjedovo prosvjećenje i zasaditi vjeru i život u njih. Baš kao što se voda pročišćava kroz filter, moramo imati filter na našim riječima prije nego ih izgovorimo, misleći hoće li naše riječi poučiti ili ozlijediti osjećaje slušatelja.

Odbaciti hvalisav ponos života

Iako imaju mnoge stvari o kojima se mogu hvalisati, nitko ne živi vječno. Nakon života na ovoj zemlji, svi će otići ili na Nebo ili u Pakao. Na Nebu, čak i ceste po kojima hodamo su načinjene od zlata, i bogatstva se tamo ne mogu usporediti sa onim na ovom svijetu. To znači hvalisati se na ovom svijetu je beznačajno. Isto tako, ako netko nema puno bogatstva, slave, znanja, i moći, može li se on hvalisati njima ako ode u Pakao?

Isus je rekao, *"Jer što koristi čovjeku, ako dobije sav svijet, a pritom izgubi dušu svoju? Što može dati čovjek kao otkup za dušu svoju? Jer će doći Sin čovječji s anđelima svojim u slavi Oca svojega i tada će vratiti svakome po djelima njegovim"* (Po Mateju 16:26-27).

Hvalisanje u svijet nikad ne može dati vječan život ni posvećenost. Nego radije diže nevažne čežnje koje vode u propast. Kad shvatimo tu činjenicu i ispunimo naša srca nadom o Nebu, primiti ćemo snagu odbaciti hvalisav ponos života. Slično tomu je kada dijete može lako odbaciti igraču koja je stara i od malo vrijednost kada dobije novu igračku. Jer znamo blistavu ljepotu nebeskog kraljevstva, mi se ne moramo držati i boriti da dobijemo stvari u ovom svijetu.

Jednom kad odbacimo hvalisav ponos života, mi ćemo se hvalisati samo Isusom Kristom. Nećemo osjetiti da je išta na ovom svijetu vrijedno hvalisanja, nego, osjetiti ćemo ponos zbog slave u kojoj ćemo uživati vječno u nebeskom kraljevstvu. Tada ćemo biti ispunjeni radosti kao nikad prije. Čak i ako se susretnemo sa teškim trenutcima kroz naše živote, nećemo osjetiti da je to toliko teško. Samo ćemo davati hvalu za ljubav Boga koji nam je dao Svojeg jedinog začetog Sina Isusa da nas spasi, i prema tome možemo biti ispunjeni sa radosti u svim slučajevima. Ako ne tražimo hvalisav ponos života, nećemo se osjećati uzdignuto kad primimo hvalu, ili postati tužni kad primimo kritiku. Mi ćemo se samo skromno odmjeriti kad primimo hvale, i samo ćemo dati hvalu kad primimo prijekor i pokušati se promijeniti.

5. Ljubav se ne nadima

Oni koji se hvale lako osjećaju da su bolji od drugih i postaju arogantni. Ako stvari idu dobro za njih, oni misle da su učinili dobar posao i postanu umišljeni i lijeni. Biblija kaže da jedno od zla koje Bog najviše mrzi je arogancija. Arogancija je i glavni razlog zašto su ljudi napravili Babilonski Toranj da bi se natjecali sa Bogom, koji je događaj kad je Bog odvojio jezike.

Karakteristike arogantnih ljudi

Arogantna osoba smatra druge smatra sebe boljim od drugih i drži ostale u prijeziru i nepoštovanju. Takva se osoba smatra boljim od ostalih u svakom pogledu. On sebe smatra najboljim. On prezire, gleda s visoka i pokušava naučiti ostale svim stvarima. On s lakoćom pokazuje stav arogancije prema onima koji se čine manji od njega. Nekada, u pretjeranoj aroganciji, zaboravlja one koji su ga učili i vodili i one koji su iznad njegove pozicije u poslu ili socijalnoj hijerarhiji. On nije voljan čuti savjet, cenzuru ili prijedlog koji mu kolege daju. On prigovara misleći, „moji kolege to govore samo zato što nemaju ideju o čemu stvar", ili govori, „Ja sve znam i sve mogu učiniti jako dobro".

Takva osoba uzrokuje mnoge argumente i svađe sa drugima. Mudre Izreke 13:10 govore, *„Od oholosti biva samo svađa; tko se dade savjetovati, taj je mudar"*.

2. Poslanica Timoteju 2:23 govori, *„A ludih i praznih zapitkivanja kloni se znajući, da rađaju svađe"*. Zato je glupavo

i pogrešno misliti da si ti sam u pravu.

Svaka osoba ima drugačiju savjest i drugačije znanje. Zato što je svaka individua drugačija po tome što vidi, čuje, iskusi i što je naučio. Ali puno toga od znanja je pogrešno, i nešto je bilo pogrešno spremljeno. Ako je to znanje otvrdnuto u nama na duže vrijeme, samopravednost i okviri su formirani. Samopravednost je insistiranje da je samo tvoja opcija točna, a kad otvrdne postaje okvir razmišljanja. Neki ljudi oblikuju svoj okvir sa svojom osobnošću ili sa znanjem koje imaju.

Okvir je kao kostur ljudskog tijela. Oblikuje svačiji okvir, a kad je načinjen teško ga je srušiti. Većina ljudskih misli dolazi iz samopravednost i okvira. Osoba koja ima osjećaj inferiornosti reagira jako osjetljivo ako druga osoba istakne prst optužbe prema njima. Ili, kao što poslovica kaže, ako si bogata osoba prilagodi svoju odjeću, ljudi misle da se on hvali i razmeće svojom odjećom. Ako netko koristi težak i naporan rječnik, ljudi misle da se razmeće sa svojim znanjem i gledaju ga s visoka.

Naučio sam od svog osnovnoškolske učiteljice da je Kip slobode nalazi u San Franciscu. Živo se sjećam kako me učila sa slikom karte SAD-a. U ranim 90-im, otišao sam SAD voditi sjedinjeni sastanak buđenja. Tada sam naučio da se Kip slobode zapravo nalazi u New Yorku.

Za mene Kip se trebao nalaziti u San Franciscu, pa nisam razumio zašto je u New Yorku. Pitao sam ljude oko sebe i oni su mi rekli da se zapravo nalazi u New Yorku. Shvatio sam da je dio znanja za koji sam smatrao da je točan zapravo netočan. U tom trenutku, pomislio sad da je ono u što vjerujem pogrešno. Mnogi ljudi vjeruju i insistiraju na stvarima koje nisu točne.

Čak i kad su u krivu, oni koji su arogantni ne žele priznati nego nastavljaju insistirati na njihovom mišljenju, i to vodi svađi. Ali oni koji su skromni se neće svađati čak i ako je druga osoba pogrešna. Čak i ako su 100% sigurni da su u pravu, oni ipak misle da bi mogli biti u krivu, jer oni nemaju namjeru pobijediti druge u raspravi.

Skromno srce ima duhovnu ljubav koja smatra druge boljima. Čak i ako su drugi manje sretni, manje educirani, ili imaju manje socijalne moći, sa skromnim umom mi ćemo smatrati druge boljima nego sebe u svojim srcima. Smatrati ćemo sve duše prevrijednima jer su tako vrijedne da je Isus prolio Svoju krv.

Tjelesna arogancija i duhovna arogancija

Ako netko pokazuje takve vanjske akcije neistine razmetanja, pokazujući se ili gledajući na druge s visoka, on može lako ostvariti takvu aroganciju. Kad prihvatimo Gospoda i dođemo do istine, takva svojstva tjelesne arogancije je lako riješiti. U suprotnom, nije lako shvatiti i odbaciti duhovnu aroganciju. Što je onda duhovna arogancija?

Kad ideš u crkvu na duže vrijeme, primiš mnogo znanja o Božjoj Riječi. Možeš primiti titule i pozicije u crkvi ili te izaberu te za vođu. Onda možeš osjećati da si kultivirao količinu znanja Riječi Božje u svom srcu koja je dovoljna da pomislimo, „Ostvario sam jako puno. Vjerojatno sam u pravo oko većine stvari!" Možeš koriti, suditi i osuđivati druge sa Riječi Božjom koja je spremljena kao znanje, misleći da ti jedini razlikuješ dobro od lošeg prema istini. Neki vođe crkve slijede svoje osobne koristi i krše pravila i naredbe koje bi trebali čuvati. Oni zasigurno krše naredbe crkve u djelima, ali oni misle, „To je uredu za mene jer sam ja o ovoj poziciji. Ja sam iznimka". Takav uzvišen um je duhovna arogancija.

Ako mi ispovjedimo našu ljubav prema Bogu dok ignoriramo zakon i naredbe Boga sa uzvišenim srce, ispovijed nije istinita. Ako sudimo i osuđujemo druge, ni ne možemo tvrditi da imamo pravu ljubav. Istina nas uči da gledamo, slušamo i pričamo samo dobre stvari o drugima.

> *„Ne klevećite jedan drugoga, braćo. Jer tko kleveće brata ili sudi brata svojega, kleveće zakon i su di zakon. A ako zakon sudiš, nijesi i izvršitelj zakona, nego sudac"* (Jakovljeva Poslanica 4:11).

Kako se ti osjećaš kada pronađeš mane drugih ljudi?

Jack Kornfield u svojoj knjizi *The Art of Forgiveness, Lovingkindness, and Peace,* piše o različitim putovima rješavanja nevještih akcija.

> „U plemenu Babemba u Južnoj africi, kada se osoba ponaša neodgovorno ili nepravedno, on je postavljen u centar sela, sam i nesputan. Sav posao stane, i svaki muškarac, žena, i dijete u selu se skupe u veliki krug oko optužene osobe. Tada svaka osoba u plemenu priča optuženom, jedna po jedna, svaka se prisjećajući dobre stvari koje je osoba u centru kruga napravila u svom životu. Svaki incident, svako iskustvo koje se može prisjetiti sa bilo kakvim detaljem i točnosti se priča. Sve pozitivne osobnosti, dobra djela, snaga, i ljubaznost su ispričani točno i dugo. Plemenska ceremonija obično traje nekoliko dana. Na kraju,

plemenski krug je prekinuti, i vesela proslava se održava, i osoba je simbolično i doslovno dočekana nazad u pleme."

Kroz taj proces, te osobe koje su učinile pogrešku oporavljaju svoje samopoštovanje i odluče pridonositi plemenu. Zahvaljujući takvom jedinstvenom sudu, rečeno je da se zločin rijetko događa u njihovom društvu.

Kada vidimo mane drugih osoba, možemo misliti hoćemo li ih suditi i osuđivati prvo ili će naše milostivo i žalostivo srce ići ispred toga. Sa tom mjerom, možemo mjeriti koliko smo kultivirali ljudskost i ljubav. Provjeravajući se stalno, ne bismo smjeli biti zadovoljni sa onim što smo do sada ostvarili, samo zato što smo bili vjernici dugo vremena.

Prije nego netko postane potpuno posvećen, svatko ima prirodu koja mu omogućava da mu arogancija naraste. Dakle, jako je važno iščupati korijenje prirode arogancije. Moglo bi ponovo doći na trenutke osim ako ne izvučemo potpuno kroz revne molitve. Isto je ako podrežeš korov, oni će nastaviti rasti osim ako ga potpuno ne iščupaš. Prvenstveno, pošto grešna priroda nije potpuno odstranjena iz srca, arogancija dolazi do uma ponovo dok vode život u vjeri dugo vremena. Dakle, mi bismo uvijek morali biti krotki kao djeca pred Gospodom, paziti na druge prije sebe, i stalno pokušavati kultivirati duhovnu ljubav.

Arogantni ljudi vjeruju u sebe

Nabukodonozor je otvorio znatnu eru Velikog Babilona. Jedno od drevnih čuda, Viseći Vrtovi su načinjeni u to doba. On je bio ponosan što je cijelo kraljevstvo i sva djela načinjena zbog te velike moći. On je načinio kip sebe i rekao da ga ljudi štuju. Daniel 4:30 govori, *„Kralj reče: 'Nije li to Babilon veliki, što ga ja sazidah za prijestolnicu kraljevsku velikom moću svojom i na slavu veličanstva svojega?'"*

Bog mu je u konačnici dopustio shvatiti tko je stvarni vladar ovog svijeta (Daniel 4:31-32). On je otjeran iz palače, pasao je travu kao krave, i živio kao divlja životinja u divljini sedam godina. Koje je bilo značenje njegova trona u tom trenutku? Ne možemo ostvariti ništa ako nam Bog to ne dozvoli. Nabukodonozor se vratio svom normalnom umu nakon sedam godina. On je shvatio svoju aroganciju i prihvatio Boga. Daniel 4:37 piše, *„Zato ja, Nebukadnezar, hvalim, blagoslivam i slavim kralja nebeskoga; jer su sva djela njegova istinita; upravljanje je njegovo pravedno. On može poniziti one, koji hode u oholosti".*

Ovo nije samo o Nabukodonozoru. Neki nevjernici u ovom svijetu kažu „Ja vjerujem u sebe". Ali svijet nije jednostavan da ga prevladaju. Mnogi su problemi u ovom svijetu koji se ne mogu prevladati ljudskim svojstvima. Čak i najnovije znanstveno znanje i tehnologija je beznačajna pred prirodnim nepogodama uključujući tajfune i zemljotrese i druge nenadane nesreće.

A koliko bolesti se ne može izliječiti modernom medicinom? Ali mnogi se ljudi oslanjaju na sebe radije nego na Boga kada se susretnu sa različitim problemima. Oni se oslanjaju na svoje misli, iskustva i znanje. Ali kada još nisu uspješni i još uvijek se nalaze u problemima oni gunđaju protiv Boga iako oni ne vjeruju u Boga. To je zbog arogancije koja boravi u njihovim srcima. Zbog arogancije, oni ne priznaju svoju slabost i ne uspijevaju ponizno priznati Boga.

Što je još jadnije je da se neki vjernici u Boga oslanjaju na svijet radije nego na Boga. Bog želi da Njegova djeca uspijevaju i žive u Njegovoj pomoći. Ali ako nisi voljan biti ponizan pred Bogom u svojoj aroganciji, Bog ti ne može pomoći. Prema tome, ti ne možeš biti zaštićen od neprijatelje vraga ili postati uspješan na svom putu. Baš kao što je Bog rekao u Mudrim Izrekama 18:12, *„Pred padom čovjeka ide oholost, a pred čašću ide poniznost"*, stvar koja uzrokuje tvoje padove i uništenje je ništa nego tvoja arogancija. Bog smatra aroganciju budalastom. Usporedno sa Bogom koji je napravo tron Neba i stolac zemlje, kako je mala prisutnost čovjeka? Svi su ljudi napravljeni prema slici Boga i svi smo mi jednaka djeca Boga bez obzira na visoku ili nisu poziciju. Bez obzira sa koliko se stvari imamo hvaliti u ovom svijetu, život na ovoj zemlji je samo trenutak. Kada ovaj kratak život završi, svima će biti suđeno pred Bogom. I svi ćemo biti uzvišeni na Nebu prema onome što smo napravili u ljudskosti na ovoj zemlji. To je zbog toga što će nas Gospod uzvisiti kao u Jakovljevoj poslanici 4:10 koja govori, *„Ponizite se pred Gospodinom, i uzvisit će vas"*.

Ako voda ostane u maloj lokvi, stagnirati će i postati će trula i crvi će je napuniti. Ali ako voda neprestano teče nizvodno, naposljetku će doći do mora i dati mnogim stvarima dati život. Na isti način, ponizimo se da postanemo veliki u očima Boga.

Karakteristike duhovne ljubavi	1. Strpljiva je
	2. Ljubazna je
	3. Nije zavidna
	4. Ne hvalisa se
	5. Nije arogantna

6. Ljubav ne čini što ne valja

„Ponašanje" ili „bonton" su socijalno pravilan način ponašanja, koji se sastoji od stavova i ponašanja ljudi prema drugima. Vrsta kulturalnog bontona ima veliku varijancu oblika u našem svakodnevnom životu kao što su bonton u našem razgovoru, prilikom jela, naše ponašanje na javnim mjestima kao što su kazališta.

Pravilno ponašanje je važan dio naših života. Socijalno prihvatljivo ponašanje koje je prihvatljivo za svako mjesto i priliku će nam koristiti da ostavimo pravilan otisak na druge. U suprotnom, ako ne pokažemo pravilno ponašanje i ako ignoriramo osnovni bonton, mogli bi prouzrokovati neugodnost ljudima oko nas. Nadalje, ako kažemo da volimo nekoga ali se ponašamo nedolično prema toj osobi, jako će teško ta osoba vjerovati da je stvarno volimo.

Merriam Websterov Online Rječnik odnosi nedolično kao nije po standardima prikladnima za nečiju poziciju ili uvjetima života. I ovdje postoje mnoge vrste kulturnog bontona u našim svakodnevnom životu kao što su pozdravi i razgovori. Na naše iznenađenje, mnogi su ljudi nesvjesni da se nedolično ponašaju iako se grubo ponašaju. Posebno, lakše nam se nedolično ponašati prema onima koji su nam bliži. To je zato što se osjećamo udobno sa nekim ljudima, mi se ponašamo grubo ili bez pravog bontona.

Ali ako imamo pravu ljubav, mi se nikad ne ponašamo nedolično. Pretpostavimo da imaš dva vrijedna i prekrasna dragulja. Dakle, bi li postupao prema njima nepažljivo? Bio bi jako oprezan i pažljiv prilikom rukovanja da ih ne slomiš, oštetiš ih ili ih izgubiš. Na sličan način, ako stvarno voliš nekoga, koliko bi se pažljivo ponašao prema njima?

Postoje dvije situacije nepodobnog ponašanja: grubost pred Bogom i grubost prema čovjeku.

Ponašati se nedolično prema Bogu

Čak i među onima koji vjeruju u Boga i kažu da vole Boga, kada vidimo njihova djela i čujemo njihove riječi koje su jako daleko od voljenja Boga. Na primjer, drijemanje tijekom službe je jedan od glavnih grubosti pred Bogom.

Drijemanje tijekom misne službe je isto kao drijemanje u prisutnosti Samog Boga. Bilo bi jako nepristojno zadrijemati ispred predsjednika zemlje ili CEO tvrtke. Onda koliko je puta više nedolično zadrijemati pred Bogom? Bilo bi dvojbeno da bi mogao nastaviti iskazivati da još voliš Boga. Ili, pretpostavimo da se sastaješ sa svojom voljenom i ti drijemaš ispred te osobe. Onda, možeš li reći da stvarno voliš tu osobu?

Isto tako, ako imaš osobni razgovor sa ljudima do tebe tijekom misne službe ili ako sanjariš, to je isto nedolično ponašanje. Takvo ponašanje je naznaka da vjerniku manjka štovanja i ljubavi za Boga.

Takvo ponašanje također utječe na propovjednike. Pretpostavimo da ima vjernik koji priča sa drugom osobom pored njega, ili ima prazne misli, ili zadrijema. Onda bi se propovjednik mogao pitati da li mu je poruka dovoljno blažena. Može izgubiti inspiraciju Duha Svetoga, i neće moći propovijedati u punoći

Duha. Sva ova djela će u konačnici staviti druge vjernike u nepovoljan položaj.

Isto je kao napustiti svetište usred službe. Naravno, oni koji volontiraju moraju otići van zbog svojih službi da bi pomogli sa misnom službom. Međutim, osim u jako posebnim slučajevima, pristojno se šetati samo nakon što je služba potpuno završila. Neki ljudi misle, „Možemo samo poslušati poruku", i otići prije nego je služba završila, ali to je nedolično.

Misne službe danas su potpuno iste kako žrtve paljenice u Starom Zavjetu. Kada su davali žrtvu paljenicu, oni su rezali životinju u komade i palili su sve dijelove (Levitski Zakonik 1:9).

Ovo, u današnjem smislu, znači da moramo podnijeti pravu i cijelu misnu službu od početka do kraja prema određenom setu pravila i procedura. Moramo slijediti svaki red slijeda u misnoj službi sa svim našim srcem, počinjući sa tihom molitvom dok ne završimo sa blagoslovom Gospodu Molitelju. Kada pjevamo hvale i molitve, ili čak tijekom vremena žrtvovanja i najava, mi moramo dati cijelo svoje srce. Osim službenih crkvenih službi, u svakom molitvenom sastanku, hvali i misnoj službi, ili sobnoj misnoj službi, moramo prinijeti cijelo naše srce.

Da bi slavili Boga sa cijelim srce, prvenstveno, ne smijemo kasniti na službu. Nije pristojno kasniti na sastanak sa drugim ljudima, i kako je onda nedolično kasniti na sastanak pred Bogom? Bog čeka na mjesto bogoslužja da bi prihvatio našu molitvu.

Dakle, ni ne bi samo smjeli doći odmah prije nego služba počne. Pravilno je ponašanje doći prije i moliti se u pokori i pripremiti se za službu. Nadalje, korištenje mobitela tijekom misne službe, ostavljati mladu djecu da trče i igraju se tijekom misne službe nije pristojno. Žvakati žvakaću gumu ili jesti hranu tijekom misne službe spada u kategoriju nepristojnog.

Osobni izgled koji imaš tijekom mise je jako važan. Normalno, nije pristojno doći u crkvu u kućnoj odjeći ili odjeći namijenjenoj poslu. To je zato što je odjeća iskaz našeg štovanja i poštovanja prema drugoj osobi. Djeca Boga koja iskreno vjeruju u Boga znaju koliko je vrijedan Bog. Pa, kad Ga oni dođu slaviti, oni dolaze u najčišćoj odjeći koju imaju.

Naravno, postoje iznimke. Za službu u srijedu ili cjelonoćnu službu petkom, mnogi ljudi dolaze izravno sa posla. Jer žure da stignu na vrijeme, oni bi mogli doći u odjeći sa posla. U tim slučajevima, Bog neće reći da se grubo ponašaju nego će se veseliti jer je On primio aromu njihovih srca kako su pokušavali stići na vrijeme na misnu službu čak i ako su zaposleni sa svojim poslom.

Bog želi imati voljeno prijateljstvo sa nama kroz misnu službu i molitve. To su dužnosti koje Božja djeca moraju napraviti. Posebno, molitva je razgovor sa Bogom. Nekada, dok ostali mole, netko ih može prekinuti jer je neki hitni slučaj.

To je isto kao prekidati druge ljude kada imaju razgovor sa svojim kolegama. Isto tako, dok se moliš, ako otvoriš svoje oči i prestaneš se moliti odmah samo zato što te netko zove, takvo je ponašanje nedolično. U ovom slučaju, prvo bi trebao dovršiti molitvu, a onda odgovoriti.

Ako nudimo našu službu i molitvu u duhu i u istini, Bog nam vraća blagoslovom i nagradama. Odgovara na naše molitve brže. Zato što On prima aromu našeg srca sa radosti. Ali ako nakupimo nedolična djela na godinu dana, dvije godine, i tako dalje, to će stvoriti zid grijeha između Boga. Čak i između muža i žene ili između roditelja i djece, ako se veza nastavi bez ljubavi, postojat će mnogi problemi. Isto je s Bogom. Ako nakupimo zid između nas i Boga, mi se ne možemo zaštiti od bolesti i nesreća, i mi ćemo sresti mnoge probleme. Mi možda nećemo primiti odgovore na naše molitve, čak i ako se molimo na dugo vremena. Ali ako imamo pravi stav prema službi i molitvama, možemo riješiti sve vrste problema.

Crkva je sveta kuća Boga.

Crkva je mjesto gdje Bog prebiva. Psalam 11:4 govori, *"Još stoji Gospod u svetom stanu svojem, Gospod prijestolje je njegovo u nebu"*.

U vrijeme Starog Zavjeta, nije svatko mogao ući na sveta mjesta. Samo su svećenici mogli ući. Jednom na godinu i samo visoki svećenik je mogao ući u Svetinju nad Svetinjama unutar Svetog Mjesta. Ali danas, milošću našeg Gospoda, svatko može ući u svetište i slaviti Ga. Zato što nas je Isus iskupio od grijeha sa Svojom krvi, i rekao u Poslanici Hebrejima 10:19, *"Imajući dakle, braćo, pouzdanje ulaziti u Svetinju nad svetinjama krvlju Isusovom"*.

Svetište ne znači samo mjesto gdje slavimo. To je svako mjesto unutar granica koje sačinjavaju crkvu, uključujući dvorište i ostale zgrade. Dakle, kada smo u crkvi, moramo paziti na svaku riječ i djelo. Mi se ne smijemo ljutiti i svađati se, ili pričati o svjetovnoj zabavi ili poslu u svetištu. To je isto kao nepažljivo rukovati svetim Božjim stvarima u crkvi i oštetiti ih, slomiti, ili rasipati ih.

Posebno, kupovati ili prodavati bilo što u crkvi je nepodnošljivo. Danas, sa razvojem internet kupovine, neki ljudi plate za to što su kupili na internetu u crkvi i prime artikl u crkvi. To je zapravo poslovna transakcija. Moramo se sjetiti da je Isus srušio stolove izmjenjivača novca i otjerao one koji su prodavali životinje za žrtvovanje. Isus nije prihvatio prodaju životinja koje su namijenjene kao žrtva u Hramu. Dakle, ne smijemo kupovati ni prodavati bilo što u crkvi za našu osobnu korist. Isto je kao imati tržnicu u dvorištu crkve.

Sva mjesta u crkvi se trebaju ostaviti za službu Bogu i slaviti sa svojom braćom i sestrama u Gospodu. Kada se molimo i često imamo sastanke u crkvi, moramo paziti da ne postanemo neosjetljivi prema svetosti crkve. Ako volimo crkvu, nećemo se u njoj ponašati nedolično, kao što je zapisano u Psalmu 84:10, *„Jer je jedan dan u dvorima tvojim bolji od tisuće gdje drugdje. Na pragu u kući Boga mojega stajati draže mi je, nego biti gost u šatorima bezbožnika"*.

Ponašati se neprimjereno prema ljudima

Biblija govori da onaj koji ne voli svog brata ne može voljeti ni Boga. Ako se ponašamo nedolično prema drugim ljudima koji su vidljivi, kako možemo imati poštovanje za Boga koji nije vidljiv?

„Ako tko kaže: 'Ljubim Boga, a mrzi na brata svojega, lažac je; jer tko ne ljubi brata svojega, koga vidi, kako može ljubiti Boga, kojega ne vidi'" (1.

Ivanova Poslanica 4:20).

Pogledajmo česta nedolična djela u našim svakodnevnim životima, koje ni ne vidimo. Obično, ako tražimo svoju korist bez mišljenja o poziciji ostalih, počiniti ćemo mnoga nedolična djela Na primjer, kada pričamo na telefon, moramo se držati pravilnog bontona. Ako zovemo kasno ili preko noći ili pričamo na telefon dugo vremena sa osobom koja je jako zaposlena, to im prouzrokuje štetu. Kasniti na sastanak ili neočekivano posjetiti nečiju kuću ili doći nenajavljen su primjer nepristojnosti.

Netko bi mogao pomisliti, „Mi smo bliski i nije li malo previše formalno misliti o svim tim stvarima između nas? Možeš imati dobar odnos i razumjeti sve stvari o drugoj osobi. Ali svejedno je jako teško razumjeti drugo srce 100%. Možemo misliti da mi izražavamo prijateljstvo prema drugoj osobi, ali on bi mogao drugačije misliti. Dakle, trebali bismo pokušati misliti sa druge točke gledišta. Trebali bismo posebno paziti da se ne ponašamo nepristojno prema drugoj osobi ako nam je ona bliska i komforna sa nama.

Mnogo puta bi mogli pričati nepažljive riječi i nepažljivo djelovati vrijeđajući osjećaje ili uvrijediti te ljude koji su najbliži nama. Možemo se grubo ponašati prema članovima obitelji ili najbližim prijateljima i veza se napreže i postaje jako loša. Isto tako, neki stariji ljudi nedolično tretiraju ljude mlađe dobi ili one manje pozicije. Oni pričaju bez poštovanja, ili imaju zapovijedan stav koji uzrokuje neugodnosti ostalima.

Ali danas, teško je naći ljude koji služe sa cijelim srcem svoje roditelje, učitelje, i starije ljude, koje bi očito trebali služiti. Neki kažu da se situacija promijenila, ali postoji nešto što se nikad ne mijenja. Levitski Zakonik 19:32 govori, „*Ustani pred sijedom glavom i poštuj osobu starčevu. Boj se Boga svojega. Ja sam Gospod!"*

Volja Boga znači za nas cijelu dužnost čak i među ljudima. Božja djeca bi trebala čuvati zakon i red ovog svijeta i ne ponašati se nedolično. Na primjer, ako prouzrokujemo pomutnju na javnom mjestu, pljujemo na ulicu, kršimo prometna pravila, znači da se nedolično ponašamo prema mnogim ljudima. Mi smo kršćani koji trebamo biti svjetlo i sol svijeta, i kao takvi trebamo paziti sa riječima, djelima i ponašanju.

Zakon ljubavi je konačan standard

Većina ljudi provede većinu svog vremena sa drugim ljudima, sastajući se i pričajući s njima, jedu s njima, i rade s njima. Do te mjere, postoje mnoge vrste kulturnog bontona u našem svakodnevnom životu. Ali svatko ima drugačiji stupanj izobrazbe, i kulture su različite u različitim državama i među različitim rasama. Onda što bi trebao biti standard u našem ponašanju?

To je zakon ljubavi koji je u našim srcima. Zakon ljubavi se odnosi na zakon Boga koji je sama ljubav. Prvenstveno, do mjere u kojem otisnemo Riječ Boga u naša srca i prakticiramo je, mi ćemo imati stav Gospoda i ne ponašati se neprimjereno. Drugo značenje zakona ljubavi je „obzir".

Čovjek je išao svojim putem kroz mračnu noć sa lampom u ruci. Drugi čovjek je išao svojim putem iz suprotnog smjera, i kad je vidio čovjeka sa lampom, shvatio je da je on slijep. Pa ga je pitao zašto nosi lampu iako ne vidi. Onda je on rekao, „Zato da se ne bi sudario sa mnom. Lampa je za tebe". Možemo nešto shvatiti o obziru iz ove priče.

Obzir prema drugima, iako se čini nevažnim, ima veliku moć pomicati srca ljudi. Nedolična djela dolaze iz nepažnje prema drugima, što znači manjak ljubavi. Ako stvarno volimo druge, uvijek ćemo biti obzirni prema njima i ne ponašati se nedolično.

U poljoprivredi ako uklonimo puno zaostaloga voća između svog voća, voće koje nastavi rasti će uzeti sve nutrijente, i imati će debelu kožu i neće imati dobar okus. Ako nismo obzirni prema drugima, za trenutak bi mogli uživati u svim stvarima koje su dostupne, ali one će postati neukusni i tvrdokorni ljudi kao voće koje je preraslo.

Dakle, kao što je zapisano u Poslanici Kološanima 3:23, „*Štogod činite, od srca činite kao Gospodinu, a ne kao ljudima*", trebali bismo služiti svakog sa najvećim poštovanje kao što služimo Gospoda.

7. Ljubav ne traži svoje

U modernom svijetu, nije teško naći sebičnost. Ljudi traže svoju korist a ne dobro zajednice. U nekim zemljama stavljaju štetne kemikalije u mlijeko u prahu namijenjeno bebama. Neki takvi ljudi prouzrokuju veliku štetu svojoj zemlji kradući tehnologiju koja je jako važna za tu zemlju.

Zbog „ne u mom dvorištu" problema, jako je teško vladi izgraditi javne objekte kao što su odlagališta ili javne krematorije. Ljude nije briga za koristi za druge ljude nego se samo brinu za svoje dobro. Iako nije ekstremno kao u ovim slučajevima, možemo naći mnoga sebična djela u našim svakodnevnim životima.

Na primjer, neke kolege ili prijatelji idu jesti zajedno. Moraju izabrati što će jesti, i jedan od njih insistira na onom što on želi jesti. Druga osoba ga slijedi u tome, ali to nije ono što on želi jesti. Ali svejedno druga osoba prvo pita mišljenje druge osobe Onda, kada mu se svidi hrana koju je druga osoba izabrala, jede ju sa radosti. U koju kategoriju ti spadaš?

Grupa ljudi ima sastanak da bi se pripremili za događaj. Imaju razne opcije dostupne. Jedna osoba pokušava nagovoriti ostale dok se drugi ljudi ne slože s njim. Druga osoba ne insistira toliko na svojoj opciji, ali kada mu se ne svidi nečija opcija on se opire, ali prihvaća.

Ipak druga osoba sluša druge bez obzira kakvu opciju dali. I, čak iako je njihova ideja drugačija od njihove, oni je pokušavaju slijediti. Takva razlika dolazi iz količine ljubavi koju netko ima u svakom srcu.

Ako ima sudar opcija koji vodi u svađe i prepirke, to je zato što ljudi traže svoje, insistirajući samo na svojoj opciji. Ako bračni par insistira samo na svojem mišljenju, oni će stalno imati sudare i neće moći razumjeti jedno drugo. Oni mogu imati mira ako popuste i razumiju jedno drugo, ali mir je često prekinuti jer obje insistiraju na svojim mišljenjima.

Ako volimo nekoga, mi ćemo se brinuti za tu osobu više nego za sebe. Pogledajmo ljubav roditelja. Većina ljudi misli na prvo na svoju djecu radije nego misleći o sebi. Dakle, majke će radije čuti „Tvoja kći je tako lijepa", nego „Ti si lijepa".

Radije nego će oni sami jesti ukusnu hranu, oni se osjećaju sretniji kada su im djeca dobro jela. Radije nego da oni nose dobru odjeću, osjećaju se sretniji kada su im djeca odjevena u dobru odjeću. Isto tako oni žele da su im djeca pametnija od njih. Oni žele da im djecu drugi priznaju i vole. Ako damo takvu vrstu ljubavi našem susjedu i svima ostalima, kako bi Bog Otac bio zadovoljan sa nama!

Abraham je tražio korist drugih sa ljubavi

Staviti korist drugih ljudi ispred svog dolazi iz žrtvujuće ljubavi. Abraham je dobar primjer osobe koja je tražila korist drugih radije nego svoju.

Kada je Abraham odlazio iz svog grada, njegov nećak Lot ga je slijedio. Lot je primio mnoge blagoslove zahvaljujući Abrahamu i imao je mnogo životinja da nije bilo dovoljno vode da nahrani i Abrahamova i Lotova jata i stada. Nekada su se pastiri sa obje strane svađali.

Abraham nije želio prekinuti mir, i dao je Lotu pravo da izabere prvo na koju će stranu zemlje i on će krenuti na drugu. Najvažnija stvar oko brige za stado je trava i voda. Mjesto na kojem su se odmarali nije imalo dovoljno hrane i vode za sva stada, i odustati od bolje zemlje imalo je smisla kao odustajati od sveg potrebnog za opstanak.

Abraham je imao toliko puno obzira prema Lotu jer ga je Abraham jako puno volio. Ali Lot nije stvarno razumio ovu Abrahamovu ljubav, on je samo izabrao bolju zemlju, Jordansku dolinu i otišao. Da li Abraham osjećao neugodno kad je vidio da je Lot odmah izabrao bez imalo ustručavanja ono što je bilo dobro za njega? Nije uopće! Bio je sretan što je njegov nećak izabrao dobru zemlju.

Bog je vidio dobro Abrahamovo srce i blagoslovio ga još i više s čim god je htio. On je postao tako bogat čovjek da je imao poštovanje kraljeva u regiji. Kao što je opisano ovdje, zasigurno će nas Bog blagosloviti ako stavimo korist drugih ljudi ispred našeg vlastitog.

Ako damo nešto što je naše našem voljenom, radost će biti veća od bilo čega drugog. To je vrsta radosti koju samo oni koji su dali nešto dragocjeno voljenoj osobi mogu razumjeti. Isus je uživao u takvoj radosti. Najveća sreća se može imati ako kultiviramo savršenu ljubav. Teško ju je dati onima koje volim, ali uopće nije teško dati onima koje volimo. Mi bi trebali biti sretni dajući.

Uživati najveću sreću

Savršena nam ljubav dopušta uživati u najvećoj sreći. I da bi imali savršenu ljubav kao Isus, moramo misliti o drugima prije sebe. Rađe nego mi, naši susjedi, Bog, Gospod, i crkva trebaju biti naš prioritet, i ako to učinimo, Bog će se brinuti za nas. On nam daje nešto bolje kada tražimo korist drugih ljudi. Na Nebu će biti uskladištene naše nebeske nagrade. Zato je Bog rekao u Djelima apostolskim 20:35, *„Mnogo je više blagoslovljeno davati, negoli primati"*.

Ovdje, trebala bi biti jasna jedna stvar. Ne smijemo si izazvati zdravstvene probleme radeći vjerno za Božje kraljevstvo preko limita naše fizičke snage. Bog će prihvatiti naše srce ako se trudimo biti vjerni preko naših limita. Ali naša fizička tijela trebaju odmor. Trebali bismo paziti da naša duša napreduje moleći se, posteći, i učeći Riječ Božju, a ne samo raditi za crkvu.

Neki ljudi prouzrokuju nedostatak ili štetu obitelji ili drugim ljudima provodeći previše vremena na religiju ili crkvene aktivnosti. Na primjer, neki ljudi ne mogu izvršavati svoje dužnosti pravilno na poslu jer poste. Neki studenti bi mogli zanemariti svoja učenja jer sudjeluju na vjeronauku.

U slučajevima iznad, možda se čini da ne traže svoju korist jer rade toliko teško. Ali, to zapravo nije istina. Unatoč činjenici da rade za Gospoda, nisu vjerni u svom Božjem domaćinstvu, i to znači da ne ispunjavaju svoju cijelu dužnost kao Božja djeca. Ipak, oni su tražili svoju korist.

Što bi trebali učiniti da izbjegnemo tražiti svoju korist u svim stvarima? Moramo se oslanjati na Duh Sveti. Duh Sveti, koji je srce Boga, vodi nas istini. Možemo živjeti za slavu Boga ako sve činimo sa vodstvom Duha Svetoga kao što je apostol Pavao rekao, *„Ako dakle jedete, ako li pijete, ako li drugo što činite, sve na slavu Božju činite"* (1. Poslanica Korinčanima 10:31).

Da bi mogli raditi sve to, moramo odbaciti zlo iz našeg srca. Nadalje, ako kultiviramo pravu ljubav u našim srcu, mudrost dobrote će doći na nas tako da možemo razabrati volju Boga u svakoj situaciji. Kao iznad, ako naša duša uspijeva, sve će stvari ići dobro za nas i biti ćemo zdravi, tako da možemo biti vjerni Bogu do kraja. Isto tako voljeti će nas susjedi i članovi obitelji.

Kad mladi bračni par dođe primiti moje blagoslovljene molitve, ja se uvijek molim za njih da prime korist jedno od drugog. Ako počnu tražiti svoju, neće moći imati mirnu obitelj.

Možemo tražiti korist onih koje volimo ili onih koji nam mogu biti prednost. Ali što je sa onima koji su nas gnjavili u svakoj stvari i stalno slijede svoje koristi? I, što je s onima koji su nanosili štetu ili prouzrokovali nam da pretrpimo štetu, ili onih koji nam ne mogu pridonijeti nikakvu korist? Kako djelujemo prema onima koji djeluju u neistini i govore zle riječi svo vrijeme?

U tim slučajevima, moramo ih izbjegavati ili ako nismo voljni žrtvovati se za njih, to znači da tražimo naše. Moramo se moći žrtvovati i dati put onim ljudima koji imaju drugačije ideje od naših. Samo tada se možemo smatrati individuama koje odaju duhovnu ljubav.

8. Ljubav se ne razdražuje

Ljubav čini srca ljudi pozitivnim. U drugu ruku, ljutnja čini srca negativnim. Ljutnja šteti srcu i čini ga mračnim. Dakle, ako se naljutiš, ne možeš boraviti u ljubavi Boga. Glavne zamke koje neprijatelj vrag i Sotona postavljaju pred Božju djecu su mržnja i ljutnja.

Biti provociran nije samo ljutiti se, vikati, psovati, i postati nasilan. Ako tvoje lice postane poremećeno, ako se tvoja boja lica promjeni, i ako tvoj način govora postane nagao, sve je to dio provokacije. Iako je količina različita u svakom slučaju, to je svejedno vanjski izraz mržnje i loših osjećaja srca. Ali tada, samo gledajući nečiji izgled, ne smijemo suditi i osuđivati druge misleći da je on ljut. Nije jednostavno za bilo koga točno razumjeti srce druge osobe.

Isus je jednom otjerao one koji su prodavali stvari u hramu. Trgovci su postavili stolove i izmjenjivali novac i prodavali stoku ljudima koji su dolazili u Jeruzalemski Hram da bi promatrali Pashu. Isus je tako nježan; On se ne svađa ni viče, i nitko neće čuti Njegov glas na ulici. Ali kad je vidio tu scenu, Njegov je stav bio jako različit od običnog.

On je načinio bič od užeta i otjerao ovce, krave, i ostalu žrtvu. On je prevrnuo stolove mjenjača novca i prodavača golubica. Kada su ljudi oko Njega vidjeli ovog Isusa, oni bi mogli pomisliti da je On ljut. Ali u to vrijeme, On nije bio ljut zbog loših osjećaja kao ljutnje. Bilo je to pravedno ogorčenje. Njegovim pravednim ogorčenjem, On je shvatio da se nepravednost kaljanja Hrama Božjeg ne može tolerirati. Ova vrsta pravednog ogorčenja je rezultati ljubavi Boga koji je savršena ljubav sa Svojom pravdom.

Razlika između pravednog ogorčenja i ljutnje

Po Marku poglavlje 3 na Subotu Isus je izliječio čovjeka u sinagogi kojem se ruka osušila. Ljudi su gledali Isusa da vide hoće li On izliječiti osobu na Subotu da bi Ga mogli optužiti da krši Subotu. U to vrijeme, Isus je znao srca ljudi i pitao, *"Treba, li u subotu dobro činiti ili zlo? Život spasiti ili pustiti da propadne?"* (Po Marku 3:4).
Njihova je namjera otkrivena, i oni nisu imali nikakve daljnje riječi. Isusova je ljutnja bila usmjerena prema njihovim otvrdnutim srcima.

Ožalošćen zbog tvrdoće njihova srca, pogleda srdito na njih unaokolo i reče čovjeku: "Pruži ruku svoju". On je pruži, i ruka je njegova bila opet zdrava (Po Marku 3:5).

U to vrijeme, zli ljudi su se samo trudili osuditi i ubiti Isusa, koji je radio samo dobra djela. Dakle, nekada, Isus je koristio čvrste izraze za njih. To je bilo za njih da shvate i okrenut se sa puta uništenja. Isto tako, pravedno ogorčenje Isusa je izlazilo iz Njegove ljubavi. Ogorčenje nekad probudi ljude i vodi ih prema životu. To je na ovaj način biti provociran i imati pravedno ogorčenje su potpuno različiti Samo kada netko postane posvećen i uopće nema grijeha, njegovi ukori i prijekori daju život duši. Ali bez svetosti srca, ne može roditi takvu vrstu ploda.

Postoje nekoliko različitih razloga zašto ljudi postanu ljuti. Prvo, jer ljudske ideje i ono što oni žele su različite stvari Svatko ima različitu obiteljsku pozadinu i izobrazbu, isto tako njihova srca i misli, standardi suđenja su različiti za svakog. Ali oni pokušavaju natjerati druge da upadnu u njihovu ideju, i kroz taj proces oni razvijaju teške osjećaje.

Pretpostavimo da suprug voli slaniju hranu od žene. Žena može reći, „Previše soli nije dobro za tvoje zdravlje, i trebao bi trošiti manje soli". Ona je dala savjet za suprugovo zdravlje. Ali ako suprug to ne želi, ona ne bi smjela insistirati na tome. Trebali bi naći načina na koji će oboje popustiti. Oni mogu stvoriti sretnu obitelj ako se potrude skupa.

Drugo, osoba se može naljutiti kada ga drugi ne slušaju. Ako je on stariji ili na većoj poziciji, on želi da ga drugi slušaju. Naravno, pravilno je poštovati starije i slušati one koji su u vodećoj poziciji u hijerarhiji, ali nije u redu da ti ljudi tjeraju da ih slušaju one koji su na nižoj poziciji od njih.

Postoje slučajevi kada osoba na većoj poziciji ne sluša svoje podčinjene uopće nego samo želi da se njegova riječ slijedi bez pogovora. U drugim slučajevima ljudi se naljute kada pretrpe gubitak ili ako ih se nepošteno tretira. Nadalje, netko bi se mogao naljutiti kada mi ljudi zamjeraju bez razloga, ili kad stvari nisu napravljene kako je on rekao ili uputio, ili kada ga ljudi psuju ili ga vrijeđaju.

Prije nego se naljute, ljudi već imaju osjećaje loše prirode u njihovim srcima. Riječi ili djela drugih stimuliraju takve osjećaje. Eventualno uzrujani osjećaji izađu kao ljutnja. Obično, imati osjećaje loše prirode je prvi korak prema ljutnji. Mi ne možemo boraviti u ljubavi Boga i naš duhovni rast je ozbiljno poremećen ako postanemo ljuti.

Ne možemo se promijeniti sa istinom sve dok imamo loše osjećaje, i moramo zanemariti provociranje, i odbaciti samu ljutnju. 1. Poslanica Korinčanima 3:16 govori, *„Ne znate li, da ste hram Božji, i Duh Božji da stanuje u vama?"*

Shvatimo da Duh Sveti čini naša srca hramom i da nas Bog uvijek gleda, tako da nećemo biti izazvani samo zato što se neka stvar ne slaže sa našim idejama.

Čovjekova ljutnja ne ostvaruje pravednost Boga

U slučaju Elišeja, on je primio duplo porciju od svog učitelja, Ilijin duh, i izvodio više djela Božje moći. On je dao neplodnoj ženi blagoslov začeća; oživio je mrtve osobe, pomogao gubavcima, i pobijedio neprijateljsku vojsku. On je promijenio ne pitku vodu u dobru vodu stavljajući sol u nju. Ipak, umro je od bolesti, što je rijetkost za velikog Božjeg proroka.

Što bi mogao biti razlog? Bilo je to kad je išao u Betel. Skupina mladih momaka je došla iz grada da bi mu se rugali, jer nije imao mnogo kose i njegov izgled nije bio lijep. *„Hodi, ćelo; hodi, ćelo!"* (2. Poslanica Kraljevima 2:23).

Ne samo nekoliko, nego jako puno djece ga je slijedilo i rugalo mu se, i on je bio posramljen. On ih je savjetovao i korio ih, ali nisu ga htjela slušati. Bili su tako tvrdoglavi dok su se rugali proroku, i to je Elišeju bilo nepodnošljivo.

Betel je bio centar idolopoklonstva u Sjevernom Izraelu nakon podjele nacije. Momci u toj regiji su morali imati otvrdnuta srca zbog okoliša idolopoklonstva. Oni su blokirali put, pljuvali na Elišeja, ili čak bacali kamenje na njega. Elišej ih je konačno prokle. Tada su iz šume izašle dvije medvjedice i ubije četrdeset dvoje.

Naravno, nanijeli su to sami sebi rugajući se Božjem čovjeku iznad svake mjere, ali to dokazuje da je Elišej imao loše osjećaje. To nije nevažno za činjenicu da je umro od bolesti. Vidimo da nije uredu provocirati Božju djecu. *„Jer srdžba čovječja ne čini pravde Božje"* (Jakovljeva Poslanica 1:20).

Ne biti provociran

Što moramo učiniti da se ne naljutimo? Moramo li potisnuti sa samokontrolom? Kad stisnemo jako oprugu, dobije jaku silu povratka i poskoči čim maknemo ruku. Isto je sa ljutnjom. Ako je potisnemo, možda ćemo moći izbjeći konflikt na trenutak, ali u konačnici će eksplodirati prije ili kasnije. Prema tome, ne biti provociran, moramo se riješiti samog osjećaja ljutnje. Ne bismo ga smjeli potiskivati nego promijeniti ljutnju u dobrotu i ljubav tako da nemamo što potiskivati.

Naravno, ne možemo odbaciti sve loše osjećaje preko noći i zamijeniti ih dobrotom i ljubavi. Moram se stalno truditi iz dana u dan. Prvo, u provokativnim situacijama, moramo ostaviti situaciju Bogu i biti strpljivi. Rečeno je da u uredu Thomasa Jeffersona, trećeg predsjednika SAD-a, ima zapisano, „Ako si ljut, broji do deset prije pričanja; ako si jako ljut, do sto". Korejska poslovica govori, „Imati trostruko strpljenje će spriječiti ubojstvo".

Kada smo ljuti, trebamo se odmaknuti i misliti o vrsti koristi koje imamo kada smo ljuti. Tada, nećemo učiniti ništa što ćemo žaliti ili biti posramljeni. Kako se trudimo biti strpljivi sa molitvama i uz pomoć Duha Svetoga, uskoro ćemo odbaciti zle osjećaje same ljutnje. Ako se naljutimo deset puta prije, broj će se smanjivati na devet i onda na osam i tako dalje. Kasnije, mi ćemo imati samo mir čak i u provokativnim situacijama. Kako ćemo sretni tada biti!

Mudre Izreke 12:16, „*Luđak pokaže gnjev svoj na mjestu, a mudri pokriva uvredu*", i Mudre Izreke 19:11 govori, „*Strpljivim čini čovjeka razboritost; čast mu je mimoići krivnje*".

Ljutnja je samo korak od opasnosti. Možda ćemo moći prepoznati koliko je opasno naljutiti se. Konačni pobjednik će biti onaj koji izdrži. Neki ljudi vježbaju samokontrolu kada su u crkvi čak i u situacijama koje ga mogu naljutiti, ali lako postaju ljuti kod kuće, u školi, ili radnom mjestu. Bog ne postoji samo u crkvi.

On zna naše sjedenje i stajanje, i svaku riječ koju kažemo i svaku misao koju imamo. On nas gleda svuda, i Svetu Duh prebiva u našem srcu. Dakle, moramo živjeti kao da stojimo svo vrijeme pred Bogom.

Jedan bračni par se svađao, i ljuti muž je vikao na ženu da ušuti. Ona je bila toliko šokirana da je nije otvorila svoja usta dok nije umrla. Muž koji je imao izljev bijesa na svoju ženu je patio kao i njegova žena. Biti provociran može učiniti da mnogi ljudi pate, i trebali bismo se truditi odbaciti sve vrste loših osjećaja.

9. Ljubav ne vodi računa o pretrpljenim pogreškama

U provođenju svoje svećeničke službe sreo sam mnogo različitih ljudi. Neki ljudi osjete emocije Božje ljubavi samo misleći o Njemu i počinju plakati dok drugi imaju probleme u svojim srcima jer ne osjete duboko Božju ljubav u svojim srcima iako vjeruju i vole Ga.

Mjera u kojoj osjetimo i volimo Boga ovisi o omjeru u kojem odbacimo grijehe i zlo. Do mjere po kojoj živimo po Riječi Božjoj i odbacimo zlo iz naših srca, možemo duboko osjetiti božju ljubav u našim srcima bez zaustavljanja rasta naše vjere. Možda ćemo nekada susresti poteškoće u našem maršu vjere, ali u tim trenutcima moramo se sjetiti Božje ljubavi koja nas čeka svo vrijeme. Sve dok se sjetimo Njegove ljubavi, nećemo voditi računu o pretrpljenim pogreškama.

Voditi računa o pretrpljenim pogreškama

U svojoj knjizi *Healing Life's Hidden Addictions,* dr. Archibald D. Hart bivši dekan Filozofske škole pri Fullerovom teološkom učilištu, je rekao da je jedan od četiri mladića u Americi u ozbiljnoj depresiji, i da depresija, droga, sex, internet, pijenje alkohola, i pušenje uništava mlade ljude.

Kad ovisnici prestanu koristiti supstance koje im mijenjaju razmišljanje, osjećaje, i ponašanje, oni ostaju sa malo, ako i toliko vještina suočavanja. Ovisnik će se okrenuti drugom ovisničkom ponašanju koje će promijeniti kemiju mozga kao izlazu. Ta ovisnička ponašanja mogu ubrajati sex, ljubav i vezu. Oni ne mogu dobiti pravo zadovoljstvo iz bilo čega, i ne mogu osjetiti milost i pravo zadovoljno iz veze sa Bogom, i zbog toga su u ozbiljnoj bolesti, prema dr. Hartu. Ovisnost je pokušaj dobivanja zadovoljstva iz drugih stvari nego iz milost i radost dobivene od Boga, i to je rezultat ignoriranja Boga. Ovisnik bi u biti mislio o pretrpljenim pogreškama svo vrijeme.

Što je to pretrpljene pogreške? To se odnosi na zle stvari, koje nisu u skladu sa Božjom voljom. Misli o zlu se generalno mogu podijeliti u tri vrste.

Prvo su tvoje misli kad ti želiš da nešto pođe drugim ljudima po zlu.
Na primjer, recimo da si se posvađao sa nekim. Onda, ti ga toliko mrziš da misliš kao, „Volio bih da se spotakne i padne". Isto tako, recimo da nisi imao dobar odnos sa svojim susjedom, i nešto mu se loše dogodilo. Onda, ti misliš, „Dobro za njega!" ili „Znao sam da će se to dogoditi!" U slučaju studenata, neki student bi želio da mu kolega ne prođe dobro na ispitu.

Ako imaš pravu ljubav u sebi, nikad nećeš misliti o takvim zlim stvarima. Bi li želio da se tvoji dragi razbole ili završe u nesreći? Ti bi trebao uvijek željeti da tvoja draga žena ili muž budu zdravi i slobodni svake nesreće. Jer nemamo ljubavi u našim srcima, mi želimo da nešto pođe po zlu drugima, i veselimo se tuđoj nesreći.

Isto tako, mi bi željeli znati greške ili slabe točke drugih ljudi i proširiti ih ako nemamo ljubavi. Pretpostavimo da si imao sastanak, i netko je rekao nešto loše o drugoj osobi. Ako si zainteresiran za takav razgovor, onda bi trebao provjeriti svoje srce. Ako netko blati tvoje roditelje, bi li nastavio slušati? Rekao bi im da odmah prestanu.

Naravno, postoji vrijeme i slučajevi gdje moraš znati situaciju drugi jer želiš pomoći tim ljudima. Ali ako to nije slučaj i ako si samo zainteresiran slušati o lošim stvarima drugih ljudi, to je zato što imaš želju blatiti i tračati druge. *„Tko pokriva prijestupe, traži ljubav; tko ih dalje pripovijeda, razdvaja pouzdane prijatelje"* (Mudre Izreke 17:9).

Oni koji su dobri i imaju ljubav u svojim srcima pokušavaju pokriti krivnju drugih. Isto tako, ako imamo duhovnu ljubav, nećemo biti ljubomorni ili zavisni kada je drugima dobro. Željeli bi smo im da bude dobro i da ih drugi vole. Gospod Isus nam je rekao da volimo svoje neprijatelje. Poslanica Rimljanima 12:14 govori, *„Blagoslivljajte one, koji vas progone: blagoslivljajte, a ne kunite"*.

Drugi aspekt zlih misli je misao suđenja i osuđivanja drugih.

Na primjer, pretpostavimo da si vidio drugog vjernika kako ide tamo gdje vjernici ne bi smjeli ići. Kakve misli onda imaš? Mogao bi imati negativno mišljenje o njemu do te mjere da imaš zle misli, misleći kao, „Kako to može činiti?" Ili, ako imaš nešto dobrote, mogao bi se pitati, „Zašto bi išao u takvo mjesto", ali onda, promijeniš mišljenje i misliš da mora postojati razlog za to.

Ali ako imaš duhovnu ljubav u svom srcu, nećeš uopće imati nikakvu vrstu zlih misli. Čak i ako čuješ nešto što nije dobro, nećeš suditi i osuđivati tu osobu osim ako dva puta ne provjeriš činjenice. U većini slučajeva, kada roditelj čuje neku lošu stvar i svojem djetetu, kako reagiraju? Oni neće lako prihvatiti nego će insistirati da njihova djeca ne bi napravila takvu stvar. Oni misle da je osoba koja to govori loša. Na isti način, ako stvarno voliš nekoga, pokušati ćeš misliti o njemu što je bolje moguće.

Ali danas, mi nalazimo ljude koji lako misle zle misli o drugima i govore loše stvari. Ne čini se to samo u privatnim odnosima, nego oni kritiziraju one koji su u javnoj poziciji. Oni ni ne pokušavaju vidjeti cijelu sliku onog što se zapravo dogodilo, a ipak šire neutemeljene glasine. Zbog agresivnih odgovora na internetu, neki ljudi počine samoubojstvo. Oni samo sude i osuđuju druge prema svom standardu a ne po Riječi Božjoj. Ali što je dobra volja Boga?

Jakovljeva Poslanica 4:12 nas upozorava, *„Jedan je zakonodavac i sudac, koji može spasiti i upropastiti; a ti tko si, da bližnjega sudiš?"*

Samo Bog može zapravo suditi. Prvenstveno, Bog nam govori da je zlo suditi našim susjedima. Pretpostavimo da je netko jasno učinio nešto loše. U toj situaciji, onima koji imaju duhovnu ljubav nije bitno da li je osoba u pravu ili u krivu i što je učinila. Oni samo misle o onome što je korisno za tu osobu. Oni samo žele da duša te osobe uspijeva i da ga Bog voli.

Nadalje, savršena ljubav ne pokriva samo prijestup, nego i pomaže drugoj osobi da se pokaje. Trebali bismo mogli naučiti istinu i dodirnuti srce osobe tako da idu pravim putem i mogu se promijeniti. Ako imamo savršenu duhovnu ljubav, ni ne moramo pokušavati vidjeti osobu sa dobrotom. Mi po prirodi volimo svaku osobu sa puno prijestupa. Mi mu želimo vjerovati i pomoći mu. Ako nemamo misli o sudu i osuđivanju drugih, biti ćemo sresti kada sretnemo bilo koga.

Treći aspekt su sve misli koje se ne slažu sa Božjom voljom.
Ne samo imati neke zle misli o drugima nego imati bilo koje misli koje se ne slažu sa Božjom voljom su zle misli. U svijetu, za ljude koji žive prema moralnim standardima i prema savjesti se kaže da žive u dobroti.
Ali ni moralnost ni savjest ne može biti apsolutni standard dobrote. Obje stvari imaju mnoge stvari koje se protive ili su potpuno suprotne Božjoj Riječi. Samo je Božja Riječ apsolutni standard dobrote.
Oni koji prihvate Isusa priznaju da su grešnici. Ljudi bi se mogli ponositi jer žive dobar i moralan život, ali oni su svejedno zli i oni su svejedno grešnici prema Riječi Božjoj. To je zbog toga što sve što nije prema Riječi Božjoj je zlo i grijeh, i Riječ Božja je apsolutni standard dobrote (1. Ivanova Poslanica 3:4).

Onda, što je razlika između grijeha i zla? U širem smislu, grijeh i zlo su oboje neistine koja je protiv istine a to je Riječ Božja. Oni su tama, što je suprotnost Boga koji je Svjetlo.
Ali ići u veće detalje oni su dosta različiti jedno od drugog. Uspoređujući to dvoje sa drvetom, „zlo" je kao korijen u zemlji i nije vidljiv, a „grijeh" je kao granje, lišće, i plodovi.
Bez korijena, drvo ne može imati granje, lišće, i plodove. Isto tako, grijeh se događa zbog zla. Zlo je priroda koja je nečije srce. To je priroda koja je protiv dobrote, ljubavi, i istine Boga. Kada se zlo prikaže u specifičnom obliku, to se odnosi na grijeh.
Isus je rekao, „*Dobar čovjek iz dobra blaga srca svojega iznosi dobro; a zao čovjek iz zla blaga iznosi zlo, jer čega je srce puno, o tom govore usta*" (Po Luki 6:45).

Pretpostavimo da osoba govori nešto što šteti nekome drugom koga mrzi. Tada zlo iz srca se manifestira kao „mržnja" i „zle riječi", koje su poseban grijeh. Grijeh se realiziran i specifičan prema standardima koji se zovu Riječ Božja, koja je zapovijed. Bez zakona nitko ne može kazniti nikoga jer nema standardna razlikovanja i suđenja. Isto tako, grijeh je otkriven jer je bio protiv standarda Božje Riječi. Grijeh se može kategorizirati u stvari tijela i djela tijela. Stvari tijela su grijeh počinjen u srcu i mislima kao što su mržnja, zavist, ljubomora, preljubnički um dok su djela tijela grijeh počinjen u djelu kao što su svađanje, izljevi bijesa, ili ubojstvo.

Pomalo slično sa grijehom ili zločinima ovog svijeta su kategorizirani u različite grijehe. Na primjer, ovisno nad kome je zločin počinjen, može biti protiv naroda, ljudi, ili osobe.

Ali iako nego ima zlo u srcu, nije sigurno da će počiniti grijeh. Ako sluša riječ Boga i ima samokontrolu, može izbjeći počinjenje grijeha iako ima zla u srcu. U tom stupnju, on će biti zadovoljan misleći da je već postigao posvećenost samo zato što nije počinio grijeh.

Međutim da bi se potpuno posvetili, moramo odbaciti svo zlo koje se nalazi u našoj prirodi, koje je duboko u našem srcu. U nečijom prirodi se nalazi zlo naslijeđeno od roditelja. To nije očito u običnim situacijama ali će izaći na vidjelo u ekstremnim situacijama.

Korejska poslovica govori, „Svatko će preskočiti susjedovu ogradu ako gladuju tri dana". Isto je kao „Potreba ne poznaje zakon". Dok nismo potpuno posvećeni, zlo koje je skriveno može se pokazati u ekstremnim situacijama.

Iako ekstremno malo, izmet muha je još uvijek izmet. Slično tome, iako nisu griješili, sva stvari koje nisu savršene u očima savršenog Boga su oblik zla na kraju krajeva. Zato 1. Poslanica Solunjanima 5:22 govori „... *Uklanjajte se od svake vrste zla".* Bog je ljubav. U osnovi, Božje zapovjedi se mogu smatrati u „ljubavi". Prvenstveno, zlo je i nezakonito ne voljeti. Dakle, da bi provjerili uzimamo li u obzir pretrpljene greške, možemo misliti koliko ljubavi imamo u sebi. Do mjere u kojoj volimo Boga i druge duše, nećemo uzeti u obzir pretrpljene greške.

A ovo je zapovijed njegova, da vjerujemo u ime njegova Sina Isusa Krista i da ljubimo jedan drugoga, kao što nam je dao zapovijed (1. Ivanova Poslanica 3:23).

„Ljubav ne čini zla bližnjemu. Ljubav je dakle izvršenje zakona" (Poslanica Rimljanima 13:8-10).

Ne uzimati u obzir pretrpljene greške

Ne uzimati u obzir pretrpljene greške, iznad svega, ne smijemo ni vidjeti ili čuti zle stvari. Čak i ako se dogodi da vidimo ili čujemo, ne bismo trebali zapamtiti ili misliti o tome ponovo. Trebali bismo se potruditi ne zapamtiti to. Naravno, nekada nismo u mogućnosti kontrolirati vlastite misli. Posebna misao bi mogla izlaziti iako pokušavamo ne misliti o tome. Ali ako pokušavamo ne imati zle misli sa molitvom, Sveti Duh će nam pomoći. Nikad ne smijemo namjerno vidjeti, čuti, ili misliti o zlim stvarima, i nadalje, trebali bismo odbaciti čak i misli koje se trenutno pojave u našem umu.

Ne smijemo sudjelovati u nikakvom zlom radu. 2. Ivanova Poslanica 1:10-11 govori, *"Ako tko dolazi k vama i ove nauke ne donosi, ne primajte ga u kuću i ne pozdravljajte ga; Jer tko ga pozdravlja, prima dio u njegovim zlim djelima"*. To nam Bog savjetuje da izbjegavamo zlo i ne prihvatimo ga.

Ljudi nasljeđuju grešnu prirodu svojih roditelja. Dok živimo u ovom svijetu, ljudi dolaze u dodir sa mnogim neistinama. Ovisno o grešnoj prirodi i neistinama, osoba razvija svoj osobni karakter ili „sebe". Kršćanski život je odbaciti te grešne prirode i neistine od trenutka kad prihvatimo Gospoda. Da bi odbacili grešnu prirodu i neistine, trebamo puno strpljenja i truda. Jer živimo u ovom svijetu, upoznati smo sa neistina više nego sa istinom. Relativno je lakše prihvatiti neistine i staviti ih u sebe nego ih odbaciti. Na primjer, lakše je uprljati bijelu haljinu sa crnom tintom, ali je jako teško odstraniti mrlju i učiniti je potpuno bijelom opet.

Isto tako, iako izgleda kao jako malo zla, to se može u trenutku pretvoriti u veliko zlo. Baš kao u poslanici Galačanima 5:9 piše, *"Malo kvasca ukiseli sve tijesto"*, malo zlo se može proširiti na puno ljudi jako brzo. Dakle, moramo biti oprezni iako se radi o malo zla. Da bi bili u mogućnosti ne misliti o zlu, moramo je mrziti bez da imamo primisli o tome. Bog nam zapovijeda *"Koji ljubite Gospoda, mrzite na zlo"* (Psalmi 97:10), i uči nas *"Strah je Gospodnji mržnja na zlo"* (Mudre Izreke 8:13).

Ako strastveno voliš nekog, voljet ćeš što ta osoba voli, i nećeš voljeti što ta osoba ne voli. Ne moraš imati razlog za to. Kada Božja djeca, koja prime Duh Sveti, počine grijeh Duh Sveti u njim jeca. Dakle, u svojim srcima imaju osjećaj žalosti. Onda oni shvate da Bog mrzi stvari koje su učinili, i oni pokušavaju ne počiniti opet grijeh. Važno je odbaciti čak i mali oblik zla i ne prihvatiti više zla.

Opskrbljuj Riječ Božju i molitvu

Zlo je tako beskorisna stvar. Mudre izreke 22:8 pišu *„Tko sije nepravdu i zlodjela, bijedu će žeti"*. Bolest može doći na nas ili na našu djecu, ili mi možemo doživjeti nesreću. Možemo živjeti u tuzi zbog siromaštva ili obiteljskih problema. Svi ti problemu, nakon svega, dolaze iz zla.

Ne varajte se Bog se ne da ružiti, jer što čovjek posije, ono će i požeti (Poslanica Galačanima 6:7).

Naravno, nevolje se neće pojaviti odmah pred našim očima. U tom slučaju, kada je zlo nagomilano do određene mjere, može čak i prouzrokovati probleme koji će mučiti kasnije našu djecu. Jer svjetovni ljudi ne razumiju ovakvu vrstu pravila, oni čine mnoga zla djela na mnoge različite načine.

Na primjer, oni smatraju da je normalno osvetiti se protiv onoga tko mu je naštetio. Ali Mudre Izreke 20:22 govore, *„Ne govori: „Vratit ću zlo!" Čekaj Gospoda, i on će ti pomoći"*.

Bog kontrolira život, smrt, bogatstvo, i nesreću čovječanstva prema Njegovoj pravdi. Dakle, ako činimo dobro prema Riječi Boga, mi ćemo zasigurno brati plodove dobrote. Baš kao što je obećano u Izlasku 20:6 koje govori, *„...a milosrđe iskazuje tisućama, koji me ljube i drže zapovijedi moje"*.

Da bi se očuvali od zla, moramo ga mrziti. Uz to, moramo imati dvije stvari u izobilju svo vrijeme. To su Riječ Božja i molitva. Kada meditiramo na Riječ Božju dan i noć možemo otjerati zle misli i imati duhovne i dobre misli. Možemo razumjeti kakva vrsta djela je djelo prave ljubavi.

Isto tako, ako se molimo, mi meditiramo o Riječi još dublje, tako da možemo shvatiti zlo u našim riječima i djelima. Kada se revno molimo sa pomoći Duha Svetoga, mi možemo prevladati i odbaciti zlo iz našeg srca. Odbacimo brzo zlo sa Riječi Božjom i molitvom tako da možemo živjeti život ispunjen srećom.

10. Ljubav ne raduje se nepravdi

Što je razvijenije društvo, to više šansi pošten čovjek ima za uspjeh. U suprotnom, nerazvijenije zemlje imaju više korupcije, i skoro sve se može ostvariti sa novcem. Korupcija se zove bolest naroda, jer je povezana sa prosperitetu zemlje. Korupcija i nepravednost utječu na individualni život u velikoj mjeri. Sebični ljudi ne mogu dobiti pravo zadovoljstvo jer oni samo misle o sebi i ne mogu voljeti druge.

Ne radovati se nepravednost i ne držanje računa o pretrpljenim greškama su jako slične. „Ne držanje računa o pogreškama koje je netko počinio" znači nemati nijedan oblik zla u srcima. „Ne radovati se nepravednost" je ne biti radostan sa grešnim ili sramotnim postupcima, djelima ili ponašanjima, i ne sudjelovati u njima.

Pretpostavimo da su ljubomoran na prijatelja koji je bogat. Ti ga ne voliš jer se on uvijek hvali svojim bogatstvom. Misliš nešto kao, „On je tako bogat, a što je sa mnom? Nadam se da će bankrotirati". Ovo znači misliti o zlim stvarima. Ali jedan dan, netko ga prevari, i njegova tvrtka bankrotira u jednom danu. Ovdje, ako se ti tome raduješ misleći, „On se hvalio u svoje bogatstvo, pa dobro za njega!" to onda znači radovati se ili biti radostan zbog nepravednosti. Nadalje, ako sudjeluješ u toj vrsti rada, to je aktivno radovanje u nepravednosti.

To je nepravednost općenito, za koju čak i nevjernici smatraju kao nepravednost. Na primjer, neki ljudi prikupljanju svoje bogatstvo nepošteno varajući ili prijeteći drugima sa silom. Netko bi mogao prekinuti pravednost zakona zemlje i prihvatiti nešto u zamjenu za osobnu korist. Ako sudac presudi nepravednu presudu nakon primanja mita, i nevin je čovjek kažnjen, to je nepravednost u svačijem vidu. To je zloupotreba autoriteta sudca. Kada netko nešto proda, on bi mogao prevariti na količini i kvaliteti. On bi mogao upotrijebiti jeftine i nekvalitetne materijale da bi zaradio. Oni ne misle od drugima nego samo na svoju kratkotrajnu dobit. Oni znaju što je pravedno, ali oni ne oklijevaju prevariti druge jer se raduju nepravednom novcu. Zapravo postoje mnogi ljudi koji varaju druge za nepravednu dobit. Sto je sa nama? Možemo li reći da smo čisti?

Pretpostavimo da ti se nešto kao slijedeće dogodi. Ti si civilni radnik, i ti saznaš da jedan od tvojih bliskih prijatelja zarađuje velike količine novca ilegalno na nekom poslu. Ako ga uhvate, ozbiljno će ga kazniti, i taj ti prijatelj daje velike količine novca za tvoju šutnju i da ignoriraš na neko vrijeme. On ti kaže da će ti dati još veću količinu kasnije. U isto vrijeme tvoja obitelj ima hitan slučaj i tebi je potreba ta velika količina novca. Što bi ti sad učinio?

Zamislimo slijedeću situaciju. Jedan dan, provjeravaš svoj bankovni račun, i imaš više novca nego bi trebao imati. Saznaš da je ta količina porez koji je trebao biti prebačen ali nije. U tom slučaju kako bi reagirao? Bi li se radovao misleći da je to njihova greška i ti nisi kriv? 2. Ljetopis 19:7 govori, *„Zato neka bude strah Gospodnji u vama! Idite oprezno na rad, jer u Gospoda, Boga našega, nema nepravde, niti on gleda tko je tko, niti prima mita"*. Bog je pravedan; On nema ni malo nepravednosti. Mi možemo biti prekriveni od očiju ljudi, ali ne možemo prevariti Boga. Prema tome, čak i ako je samo sa strahom od Boga, moramo pričati na pravi način sa iskrenošću.

Razmotri slučaj Abrahama. Kada je njegov nećak zarobljen u ratu u Sodomi, Abraham je spasio ne samo svog nećaka nego ljude koje su zarobljeni zajedno sa njihovim stvarima. Kralj Sodome mu je htio iskazati zahvalnost dajući Abrahamu neke od stvari koje je vratio kralju, ali Abraham to nije htio prihvatiti.

„Ali Abram odgovori kralju sodomskomu: Dižem ruku svoju Gospodu, Bogu Svevišnjemu, Stvoritelju neba i zemlje i zaklinjem se, ni konca, ni remena od obuće, ništa od svega, što je tvoje, ne uzimam, da ne rekneš: 'Ja sam obogatio Abrama'" (Postanak 14:22-23).

Kada je njegova žena Sara umrla, vlasnik zemlje mu je ponudio grobnicu, ali ju on nije htio prihvatiti. On je platio poštenu cijenu. To je učio da ne bi bilo prepirki u budućnosti zbog te zemlje. Učinio je to jer je bio pošten čovjek; on nije htio primiti nikakvu ne zasluženu dobiti niti nepravednu dobit. Da je tražio novac mogao je samo slijediti ono što je bilo profitabilnije za njega.

Oni koji vole Boga i koji su voljeni od Boga neće nikad naštetiti nikome ili tražiti vlastitu korist kršeći zakone zemlje. Oni ne očekuju ništa više od onog što zaslužuju kroz pošten rad. Oni koji se raduju u nepravednosti nemaju ljubav za Boga ili svoje susjede.

Nepravednost u očima Boga

Nepravednost u Gospoda je malo drugačije od opće

nepravednosti. To nije samo prekršiti zakon i prouzrokovati štetu drugima, nego sav i svaki grijeh protiv Riječi Božje. Kada zlo u srcu izađe u specifičnom obliku, to je grijeh, i to je nepravednost. Između mnogih grijeha, nepravednost se posebno odnosi na djela tijela. Prvenstveno, mržnja, zavist, ljubomora, i druga zla iz srca su izvedena u djelo kao svađanje, razdor, nasilje, prevara, ili ubojstvo. Biblija nam govori ako činimo nepravednost, jako je teško čak i biti spašen.

1. Poslanica Korinčanima 6:9-10 govori, *„Ili ne znate, da nepravednici neće baštiniti kraljevstva Božjega? Ne varajte se: 'ni bludnici, ni idolopoklonici, ni preljubočinci, ni mekoputnici, ni muželožnici, ni kradljivci, ni lakomci, ni pijanice, ni psovači, ni razbojnici neće baštiniti kraljevstva Božjega".*

Ahan je bio jedan od ljudi koji je volio nepravednost koja je rezultirala u njegovim uništenjem. On je bio druga generacija Izlaska i od djetinjstva on je gledao i čuo o stvarima koje je Bog učinio za njegove ljude. On je vidio stup oblaka tijekom dana i stup vatre tijekom noći koji ih je vodio. On je vidio potop rijeke Jordan koji je prestao potapati i kako neprobojni grad Jerihon pada u trenutku. On je znao jako dobro o naredbi vođe Jošue da nitko ne uzima ništa iz Jerihona jer će to biti žrtva Bogu.

Ali čim je vidio stvari koje su bile u Jerihonu, on je izgubio svoj razum zbog pohlepe. Nakon što je živio suhoparan život u divljini, stvari u gradu su mu izgledale tako prekrasno. Čim je vidio prekrasan kaput i komade zlata i srebra, on je zaboravio riječ Boga i zapovijed Jošue i sakrio ih za sebe.

Zbog Ahanovog grijeha jer je prekršio Božju zapovijed, Izrael je pretrpio velike gubitke u slijedećoj borbi. Bilo je to kroz gubitke da se Ahanova nepravednost otkrila, pa su on i njegova obitelj kamenovani na smrt. Kamenje je napravilo hrpu i to mjesto se zove Ahonova dolina.

Isto tako, pogledaj Brojeve poglavlje 22-24. Balam je bio čovjek koji je komunicirao sa Bogom. Jedan dan, Balak, kralj Moaba ga je pitao da baci kletvu na ljude Izraela. Pa je Bog rekao Balamu, *„Ne smiješ ići s njima. Ne smiješ prokleti taj narod, jer je blagoslovljen"* (Brojevi 22:12).

Nakon što je čuo Riječ Božju Balam je obio odgovoriti na zahtjev Moabitskog kralja. Ali kad mu je kralj poslao zlato i srebro i mnoga blaga, njegov je um uzdrman. Na kraju, njegove su oči zaslijepljene blagom, i on je naučio kralja da postavi zamku ispred Izaelskog naroda. Koji je bio rezultat? Sinovi Izraela su jeli hranu žrtvovanu idolima i počinili preljub i s time si donijeli veliko iskušenje, a Balam je naposljetku ubijem mačem. Ovo je rezultat voljenja nepravedne dobiti.

Nepravednost je direktno povezana sa spasenjem u očima Boga. Ako vidimo naše braću i sestre u vjeri u djelima nepravednosti baš kao nevjernici ovog svijeta, što bi trebali učiniti? Naravno mi ih moramo oplakivati, moliti za njih, i pomoći im živjeti prema Riječi. Ali neki vjernici im zavide misleći, „I ja želim živjeti lakšim i komfornijim kršćanskim životom kao oni". Nadalje, ako sudjeluješ sa njima, mi ne možemo reći da voliš Gospoda.

Isus, nevini, umro je za nas, koji smo nepravedni, za Boga (1. Petrova poslanica 3:18). Kad mi shvatimo veliku ljubav Gospoda, mi se ne smijemo radovati nepravednosti. Oni koji se ne raduju sa nepravdom nisu samo izbjegli prakticirati nepravednost, nego zapravo žive prema riječi Božjoj. Onda, mogu postati pravi prijatelji Gospoda i živjeti uspješnim životom (Po Ivanu 15:14).

11. Ljubav se raduje istini

Ivan, jedan do dvanaest Isusovih učenika, je spašen mučeništva i živio je dok nije umro od starosti šireći evanđelja Isusa Krista i volje Boga mnogim ljudima. Jedna od stvari u kojima je uživao u zadnjim godinama je čuti da vjernici pokušavaju živjeti prema Riječi Boga, istini.

On je rekao, „*Obradovah se vrlo, kad dođoše braća i posvjedočiše za tvoju istinu, kako ti u istini hodiš. Nemam veće radosti od ove, da čujem, moja djeca u istini da hode*" (3. Ivanova Poslanica 1:3-4).

Možemo vidjeti koliko je radosti imao iz izraza, „Bilo mi je jako drago". On je imao vruću narav i zvali su ga sinom groma kad je bio mlad, ali nakon što se promijenio, zvali su ga apostolom ljubavi.

Ako volimo Boga, nećemo prakticirati nepravednost, i nadalje, prakticirati ćemo istinu. Isto ćemo se radovati istini. Istina se odnosi na Isusa Krista, na evanđelje i na svih 66 knjiga u Bibliji. Oni koji vole Boga i koje On voli će se zasigurno radovati sa Isusom Kristom i sa evanđeljem. Oni se raduju kada se Božje kraljevstvo proširi. Tada, što znači radovati se sa istinom?

Prvo, to je radovati se sa „evanđeljem".

„Evanđelje" je dobra vijest da smo spašeni kroz Isusa Krista i da idemo u nebesko kraljevstvo. Mnogi ljudi traže istinu pitajući pitanje kao, „Što je značenje života? Što je vrijednost života?" Da bi dobili odgovor na ta pitanje, oni su studirali ideje i filozofije, ili su pokušali dobiti odgovori kroz razne religije. Ali istina je Isus Krist, i nitko ne može ući na Nebo bez Isusa Krista. To je Isus rekao po Ivanu 14:6 kaže, *"Ja sam put i istina i život; nitko ne dolazi k Ocu, osim po meni".*

Mi smo primili spasenje i dobili vječan život prihvaćajući Isusa Krista. Oprošteno nam je za naše grijehe kroz krv Gospoda i mi smo pomaknuti iz Pakla na Nebo. Sada razumijemo značenje života i vrijednost života. Dakle, prirodno je radovati se evanđelju. Oni koji se raduju sa evanđeljem su presretni dostavljati ga drugima. Oni će ispuniti svoje Bogom dane dužnosti i vjerno raditi na širenju evanđelja. Isto tako, oni se raduju kada duše čuju evanđelje i prime spasenje prihvaćajući Gospoda. Oni se raduju kada se Božje kraljevstvo proširi. *"Koji hoće, da se svi ljudi spase i dođu do spoznanja istine"* (1. Poslanica Timoteju 2:4).

Međutim, postoje neki vjernici koji su ljubomorni na druge kada oni evangeliziraju mnoge ljude i prinesu velike plodove. Neke su crkve ljubomorne na druge crkve kada druge crkve rasutu i daju slavu Bogu. Ovo nije radovanje sa istinom. Ako imamo duhovnu ljubav u našem srcu, mi ćemo se radovati kada vidio da se Božje kraljevstvo uvelike ostvaruje. Mi ćemo se radovati zajedno kada vidimo da crkve rastu i da ih Bog voli. Ovo je radovati se sa istinom, koje je radovati se sa evanđeljem.

Drugo, radovati se sa istinom znači radovati se sa svim što pripada istini.

To je radovati se sa gledanjem, slušanjem, i raditi sve stvari koje pripadaju istini, kao što su dobrota, ljubav, i pravda. Oni koji se raduju sa istinom su dotaknuti i plaču slušajući čak i malo dobro djelo. Oni ispovijedaju da je riječ Boga istina i da je slatka kao med iz saća. Dakle, oni se raduju slušajući propovijedi i čitajući Bibliju. Nadalje, oni se raduju prakticirajući Riječ Božju. Oni radosno slušaju Riječ Božju koja nam govori „služi, razumi, i oprosti" čak i onima koji nas gnjave. David je volio Boga i želio mu je izgraditi Božji hram. Ali mu Bog to nije dozvolio. Razlog za to zapisan je u 1. Ljetopisu 28:3. *„Nećeš ti graditi kuće imenu mojemu; jer si ratnik i krv si prolijevao".* Bilo je neizbježno da David prolije krv jer je bio u mnogim ratovima, ali ipak u očima Boga David nije bio prikladan za taj zadatak.

David nije mogao izgraditi Hram ali je pripremio građevinski materijal da bi njegov sin Solomon mogao izgraditi. David je pripremao materijal svom snagom, i samo to ga je učinilo nevjerojatno sretnim. *„Narod se je radovao dragovoljnim darovima, jer su pobožnim srcem dragovoljno prinosili Gospodu darove svoje. I kralj David radovao se veoma"* (1. Ljetopis 29:9).

Slično tomu, oni koji se raduju sa istinom će se radovati kada je drugim ljudima dobro. Oni nisu ljubomorni. Za njih je nemoguće misliti zle stvari kao, „nešto bi trebalo poći po zlu sa tom osobom", ili naći zadovoljstvo zbog nesretnosti drugih ljudi. Kada vide da se nešto nepravedno događa, oni jadikuju zbog toga. Isto tako, oni se raduju sa istinom jer mogu voljeti dobrotu, sa nemijenjajućim srcem, i sa istinitosti i integritetom. Oni se raduju sa dobrim riječima i dobrim djelima. Bog se isto raduje preko njih sa povicima radost kao što je zapisano po Sefaniji 3:17, *„Gospod, Bog tvoj, u sredini je tvojoj, junak pomoćnik. On se raduje tebi pun veselja. On obnavlja ljubav svoju. On kliče nad tobom pun* *radosti".*

Čak i ako se ne možeš radovati istini svo vrijeme, ne moraš gubiti srce ili biti razočaran. Ako se trudiš najbolje što možeš, Bog ljubavi smatra i taj trud „radovati se sa istinom".

Treće, radovati se istini je vjerovati u Riječ Boga i pokušati je prakticirati.

Rijetkost je naći osobu koja se može radovati istini od početka. Sve dok imamo tamu i neistinu u nama, možemo misliti o zlim stvarima ili se možemo veseliti nepravednosti. Ali kad se mijenjamo malo po malo i odbacimo neistinito srce, možemo se potpuno radovati istini. Do tada, moramo se jače trudit.

Na primjer, nisu svi sretni kad prisustvuju misnim službama. U slučaju novih vjernika ili onih slabe vjere, oni se osjećaju umorno, ili je njihovo srce negdje drugdje. Oni bi mogli razmišljati o rezultatu baseballske utakmice ili možda su nervozni o poslovnom sastanku koji će imati sutradan.

Ali djelo dolaska u svetište i prisustvovanja misnoj službi je pokušaj slušanja Riječi Božje. To je radovanje sa istinom. Zašto se trudimo na taj način? Da bi primili spasenje i otišli na Nebo. Jer smo čuli Riječ istine i vjerujemo u Boga, mi vjerujemo u spasenje, i da postoje Nebo i Pakao. Jer znamo da postoje različite nagrade na Nebu, mi marljivo pokušavamo postati posvećeni i vjerno raditi u svoj Božjoj kući. Iako se ne radujemo sa istinom 100% ako se trudimo najbolje što možemo u našoj mjeri istine, to je radovati se s istinom.

Glad i žeđ za istinom

Trebalo bi biti prirodno za nas da se radujemo sa istinom. Samo nam istina daje vječan život i može nas potpuno promijeniti. Ako čujemo istinu, prvenstveno evanđelje, i prakticiramo ga, dobiti ćemo vječan život, i postati Božje pravo dijete. Jer smo ispunjeni sa istinom za naše nebesko prebivalište i duhovnu ljubav, naše lice će sjati od radosti. Isto tako, do mjere u kojoj smo promijenjeni sa istinom, bit ćemo sretni jer smo voljeni i blagoslovljeni Bogom, i mnogo nas ljudi voli.

Trebali bismo se radovati sa istinom svo vrijeme, i nadalje, trebali bismo gladovati i žeđati za istinom. Ako gladuješ i žeđaš, ti ćeš iskreno željeti hranu i piće. Kada žudimo za istinom, mi moramo željeti iskreno tako da se možemo brzo promijeniti čovjeka istine. Moramo živjeti život u kojem uvijek jedemo i pijemo istinu. Što znači jesti i piti istinu? To znači držati Riječ Božju istinu u našim srcima i prakticirati je.

Ako stanemo pred nekog koga volimo jako puno, jako je teško sakriti sreću s našeg lica. Isto je kada volimo Boga. Upravo sada, nismo u mogućnosti stati pred Boga licem u lice, ali ako istinski volimo Boga, to će se pokazati izvana. To jest, ako samo vidimo i čujemo nešto o istini, biti će nam drago i biti ćemo sretni. Naša sretna lica neće proći neopaženo ljudima oko nas. Mi ćemo plakati sa hvalom samo misleći o Bogu i Gospodu, a naša srca će biti dotaknuta sa malim djelima dobrote.

Suze koje pripadaju dobroti, kao što su suze hvale i suze jecanja za druge duše će postati prekrasni biseri koji će kasnije ukrašavati kuću na Nebu. Radujmo se sa istinom tako da naši životu budu ispunjeni dokazima da nas Bog voli.

Karakteristike duhovne ljubavi II

6. Ne čini što ne valja

7. Ne traži svoje

8. Ne razdražuje

9. Ne vodi računa o pretrpljenim pogreškama

10. Ne raduje se nepravdi

11. Raduje se istini

12. Ljubav sve trpi

Kad prihvatimo Isusa Krista i pokušamo živjeti prema riječi Božjoj, postoje mnoge stvari koje moramo trpjeti. Moramo trpjeti situacije provokacija. Moramo vježbati samokontrolu naših tendencija slijediti naše želje. Zato je opisano da je prva karakteristika ljubavi strpljivost.

Biti strpljiv je borba sa samim sobom koju osoba iskusi dok se trudi odbaciti neistine u srcu. „trpjeti sve stvari" ima šire značenje. Nakon što kultiviramo istinu u našim srcima kroz strpljenje, moramo trpjeti sa svim bolovima koji bi možda mogli doći zbog drugih ljudi. Posebno, trpjeti sve stvari koje nisu prema duhovnoj ljubavi.

Isus je došao na ovu zemlju spasiti grešnike, i kako su se ljudi odnosili prema njemu? On je činio samo dobra djela, a ipak su Mu se ljudi rugali, zanemarivali Ga i nisu ga poštovali. Naposljetku su Ga razapeli. Isus je međutim sve to trpio od ljudi kojima je On nudio konstantno molitve zagovora. On se molio za njih govoreći, „*Oče, oprosti im; jer ne znadu, što čine*" (Po Luki 23:34).

Što je bio rezultat Isusovog trpljenja svih stvari i voljenja svih ljudi? Svatko tko prihvati Isusa kao svog Spasitelja sad može primiti spasenje i postati Božje dijete. Oslobođeni smo smrti i prebačeni smo u vječan život.

Korejska poslovica govori, „Brusi sjekiru da bi napravio iglu". To znači da se sa strpljivosti i izdržljivosti može ostvariti bilo kakav težak zadatak. Koliko vremena i truda bi se trebalo uložiti da se čelična sjekira izbrusi do jedne oštre igle? Stvarno izgleda kao toliko nemoguć zadatak da se zapitaš, „Zašto samo ne bi prodao sjekiru pa kupio igle?"

Ali Bog je namjerno uzeo takav trud, jer je On gospodar našeg duha. Bog je spor na ljutnji i uvijek nas trpi i pokušava nam pokazati milost i ljubaznu dobrotu jer nas On voli. On podrezuje i polira ljude iako su njihova srca tvrda poput čelika. On želi da svi postanu Njegova prava djeca, iako se čini da on nema nikakve šanse postati jedno.

„*Trske stučene neće prelomiti i stijenja što tinja neće ugasiti, dok pravdu ne privede pobjedi*" (Po Mateju 12:20).

Čak i danas Bog trpi sve bolove koji dolaze kad vidi ljudska djela i čeka nas sa radosti. On je bio strpljiv sa ljudima, čekajući da se promjene sa dobrotom iako su oni djelovali u zlu tisućama godina. Iako su okrenuli leđa Bogu i služili idolima, Bog im je pokazao da je On istinski Bog i trpi s njima sa vjerom. Ako Bog kaže, „Ti si pun nepravednost i bespomoćan si. Ne mogu te trpjeti više", onda, koliko će ljudi biti spašeno?

Baš kao što je rečeno po Jeremiji 31:3 „*Ljubavlju vječnom ljubim te, zato sam ti tako dugo sačuvao milost*". Bog nas vodi prema vječnoj, beskrajnoj ljubavi.

Služeći moj svećeničku službu kao pastor velike crkve, mogao sam shvatiti strpljenje koje Bog ima do neke mjere. Bilo je ljudi koji su imali jako puno nezakonitost i mana, ali su osjećali srce Boga i morao sam ih pogledati sa očima vjere da će se jednog dana promijeniti i dati hvalu Bogu. Kako sam bio strpljiv sa njima i imao vjere u njih, mnogi članovi crkve su postali dobri vođe. Svaki put zaboravim o vremenu pretrpljenom s njima, i osjetim da je to bio sam na trenutak. U 2. Petrovoj poslanici 3:8 *"Ali ovo, ljubljeni, da vam ne bude nepoznato, da je jedan dan pred Gospodinom kao tisuća godina, i tisuća godina kao jedan dan"*, i mogao sam shvatiti što taj stih znači. Bog trpi sve stvari tako dugo vremena i On opet smatra ta vremena kao prolazni trenutak. Shvatimo tu ljubav Boga i s njim volimo svakog oko nas.

13. Ljubav sve vjeruje

Ako stvarno voliš nekoga, vjerovati ćeš svemu te osobe. Čak i ako ta osoba ima nedostataka, ti ćeš svejedno pokušati vjerovati toj osobi. Muž i žena su vezani zajedno s ljubavi. Ako bračno par nema ljubavi, to znači da ne vjeruju jedno drugom, pa se svađaju oko svake stvari i imaju sumnje oko svega što se toče njihova supružnika. U ozbiljnim slučajevima postoje zablude nevjere i slučajevi fizičke i mentalne boli. Ako stvarno vole jedno drugo oni vjeruju potpuno, i oni će vjerovati da je njihov supružnik dobra osoba i da će biti dobro u konačnici. I onda kao što su vjerovali njihov supružnik postaje odličan u sojem polju ili postane uspješan u tom čem radi.

Povjerenje i vjera mogu biti standardi mjerenja snage ljubavi. Dakle, vjerovati u Boga potpuno znači voljeti ga potpuno. Abraham, otac vjere, zvali su ga prijatelj Boga. Bez ikakvog oklijevanja Abraham je poslušao zapovijed Boga koji mu je rekao da žrtvuje svog jedinog sina Izaka. To je mogao učiniti jer je volio Boga u potpunosti. Bog je vidio Abrahamovu vjeru i priznao njegovu ljubav.

Ljubav je vjerovati. Oni koji potpuno vole Boga će isto tako potpuno vjerovati u Njega. Oni vjeruju svim riječima Boga 100%. I zato što vjeruju svim stvarima, oni trpe sve stvari. Trpjeti sve stvari koje su protiv ljubavi, znači vjerovati. Prvenstveno, samo oni koji vjeruju svim riječima Boga mogu se nadati svim stvarima i obrezati naše srce da bi odbacili sve što je protiv ljubavi.

Naravno, u najstrožem smislu, nije da mi vjerujemo u Boga jer Ga volimo od početka. Bog je prvo volio nas, i vjerujući u tu činjenicu, mi smo počeli voljeti Boga. Kako nas je Bog volio? On je ne štedeći predao Svog jedinog začetog Sina za nas, koji smo grešnici, da nam otvori put spasenja.

Na početku, mi smo počeli voljeti Boga vjerujući u tu činjenicu, ali ako kultiviramo duhovnu ljubav u potpunosti mi ćemo doseći nivo gdje mi vjerujemo u potpunosti zbog ljubavi. Kultivirati potpuno duhovnu ljubav znači odbaciti sve neistine iz srca. Ako nema neistina u našem srcu, dobiti ćemo duhovnu vjeru odozgor, sa kojoj možemo vjerovati iz dubine našeg srca. Onda, mi nikad nećemo sumnjati u Riječ Božju, i naša vjera u Boga nikad neće biti potresena. Isto tako, ako kultiviramo potpuno duhovnu ljubav, mi ćemo svima vjerovati. Nije to zato što su ljudi vjerodostojni, ali i kad su puni grešnosti i imaju puno mana, mi ih gledamo sa očima vjere.

Trebali bismo biti voljni vjerovati svakoj vrsti osobe. Moramo također vjerovati u sebe. Iako imamo puno mana, moramo vjerovati u Boga koji će nas promijeniti, i moramo pogledati u sebe sa očima vjere da ćemo se uskoro promijeniti. Duh sveti nam uvijek govori u našim srcima, „Možeš ti to. Ja ću ti pomoći". Ako vjeruješ toj ljubavi i ispovjedi, „Ja to mogu, mogu se promijeniti", tada će Bog ostvariti prema tvojoj ispovjedi i vjeri. Kako je prekrasno vjerovati!

Bog također vjeruje u nas. On vjeruje da će svaki od nas znati ljubav Boga i doći na put spasenja. Jer On gleda na nas sve sa očima vjere On je ne štedeći žrtvovao Svog jedinog začetog Sina, Isusa, na križu. Bog vjeruje da čak i oni koji ne znaju ili vjeruju u Gospoda mogu biti spašeni i doći na stranu Boga. On vjeruje da oni koji su već prihvatili Gospoda će se promijeniti u vrstu djece koja jako puno sliče Bogu. Vjerujmo svakog osobi sa ovakvom Božjom ljubavi.

14. Ljubav svemu se nada

Rečeno je da su slijedeće riječi zapisane na jednom od nadgrobnih spomenika u Westminsterskoj opatiji u UK-u, „Tijekom moje mladost htio sam promijeniti svijet ali nisam mogao. U srednjoj dobi pokušao sam promijeniti svoju obitelj ali nisam mogao. Samo pred smrt sam shvatio da sam mogao promijeniti sve te stvari da sam se ja promijenio".

Obično, ljudi pokušavaju promijeniti drugu osobu ako nešto ne vole na toj osobi. Ali skoro je nemoguće promijeniti drugu osobu. Neki bračni parovi se svađaju oko nevažnih stvari kao stiskanje paste za zube od kraja ili od početka. Prvo bi trebali sebe promijeniti a onda pokušati mijenjati druge. A onda sa ljubavi prema njima, možemo čekati ostale da se promjene, iskreno se nadajući da će se promijeniti.

Nadati se svim stvarima je žuditi i čekati za sve što vjeruješ da postane istina. Prvenstveno, ako volimo Boga, ako vjerujemo u svaki Riječ Boga i nadamo se svemu mi ćemo moći prihvatiti Njegovu Riječ. Ti se nadaš za dane kada ćeš moći podijeliti svoju ljubav sa Bogom Ocem zauvijek u prekrasnom nebeskom kraljevstvu. Zbog toga trpiš sve stvari da bi trčao svoju utrku vjere. Ali što ako nema nade?

Oni koji ne vjeruju u Boga ne mogu imati nade za nebesko kraljevstvo. Zbog toga oni moraju živjeti prema svojim željama, jer nemaju nadu u budućnost. Oni se trude skupiti više stvari i muče se ispuniti svoju pohlepu. Ali bez obzira koliko imaju za uživati, ne mogu biti zadovoljni. Oni žive svoj život sa strahom za budućnost.

U jednu ruku, oni koji vjeruju u Boga nadaju se svim stvarima, i oni su na uskom putu. Zašto kažemo da je uski put? To znači da je uzak u vidu nevjernika u Boga. Ako prihvatimo Isusa Krista i postanemo Božje dijete, mi ostajemo u crkvi cijeli dan na nedjelju prisustvujući misnoj službi, bez mišljenja o bilo kojem svjetovnom obliku zabave. Radimo za Božje kraljevstvo sa dragovoljnim radom i molimo se za život po Riječi Božjoj. Takve stvari su teške bez vjere, i zato kažemo da smo na uskom putu.

U 1. Poslanici Korinčanima 15:19 apostol Pavao kaže, „Ako se samo u ovom životu uzdamo u Krista, bjedniji smo od sviju ljudi". Samo u tjelesnom pogledu, život neplodnog i teškog rada se čini tegobnim. Ali ako se nadamo svim stvarima, taj je put sretniji od drugog puta. Ako smo mi sa onima koje jako puno volim, mi ćemo biti sretni čak i u otrcanoj kući. I misleći o činjenici da mi živimo sa dragim Gospodom zauvijek na Nebu, kako ćemo sretni biti! Mi smo uzbuđeni i sretni samo misleći o tome. Na taj način, sa pravom ljubavi mi nemijenjajući čekamo i nadamo se dok se sve u što vjerujemo ne ostvari.

Gledajući ispred prema svemu sa vjerom je moćno. Na primjer, recimo da jedno od djece luta i uopće ne uči. Čak i to dijete, ako vjerujemo u njega govoreći mu da on to može, i gledamo ga sa očima punim nade on će se promijeniti, on se može promijeniti u dobro dijete u bilo koje doba. Vjera roditelja u dijete može stimulirati poboljšanje i samopoštovanje djeteta. Ta djeca koja imaju samopoštovanje imaju vjeru da mogu učiniti bilo što; oni će moći prevladati prepreke, i takav stvari stvarno ima efekta na njihov akademski učinak.

Isto se tako brinemo za duše u crkvi. U svakom slučaju, ne smijemo skakati na zaključke o bilo kojoj osobi. Ne smijemo se obeshrabriti misleći, „Čini se jako teško da se ta osoba promjeni", ili „Ona je još uvijek ista": Moramo gledati na svakog sa očima nade i oni će se uskoro promijeniti i otopiti se sa Božjom ljubavi. Moramo se nastaviti moliti za njih i poticati ih govoreći i vjerujući, „Možeš ti to!"

15. Ljubav sve trpi

1. Poslanica Korinčanima 13:7 govori, *"Sve pokriva, sve vjeruje, svemu se nada, sve trpi"*. Ako voliš možeš izdržati sve stvari. Onda što znači „izdržati"? Kada trpimo sve stvari koje nisu u skladu sa ljubavi, bit će neke posljedice. Kada ima vjetra na jezeru ili moru, bit će valova. Čak i kad se vjetar smiri, ostati će neki valovi. Čak i ako trpimo sve stvari, neće nestati smo zato što se mi nosimo s njima. Biti će nekih posljedica naknadnih efekata od toga.

Na primjer, Isus je rekao po Mateju 5:39 *"A ja vam kažem, ne opirite se zlu, nego ako te tko udari po desnom obrazu, obrni mu i drugi"*. Kao što je rečeno, čak i ako te netko udari na desnom obrazu, ti se nemoj boriti nazad, nego istrpjeti. Onda, da li je gotovo? Bit će nekih naknadnih efekata. Imat ćeš boli. Tvoj će te obraz boljeti, ali bol koja je u srcu je puno veća. Naravno, ljudi imaju različite razloge doživljavanja boli u srcu. Neki ljudi imaju bol u srcu jer misle da su udareni bez razloga i oni su ljuti zbog toga. Ali mnogi drugi imaju bol u srcu je im je žao što su učinili drugu osobu ljutu. Nekima će biti žao kad vide brata koji ne može zadržavati svoj temperament, nego ga iskazuje fizički radije nego nađe konstruktivniji i bolji put.

Posljedice trpljenja nečega se vide u vanjskim prilikama. Na primjer, netko te udario u desni obraz. Onda smo okrenuli drugi prema Riječi. Onda, nas udare i po lijevom obrazu. Istrpjeo si to slijedeći Riječ, ali je situacija eskalirala i čini se da je postalo još gore u stvarnosti.

Takav je slučaj bio i sa Danielom. On nije radio kompromise

znajući da će ga baciti u lavlju jazbinu. Jer je volio Boga, on se nikad nije prestao moliti čak ni u situaciji koja je bila opasna po njegov život. Isto tako, on se nije ponašao zlo prema ljudima koji su ga htjeli ubiti. Dakle, da li se promijenilo na bolje jer je istrpjeo sve kao prema Riječi Božjoj? Ne. Bačen je u lavlju jazbinu! Mi možemo misliti da bi svi testovi trebali nestati ako istrpimo stvari koje nisu u skladu sa ljubavi. Onda, što je razlog za iskušenja koja slijede? To je Božja providnost koja nas čini savršenim i daje nam veličanstvene blagoslove. Polja će bogato roditi i imati veliku žetvu opirući se kiši, vjetru, i gorućem suncu. Božja providnost je tu da možemo izaći kao prava djeca Boga kroz iskušenja.

Iskušenja i blagoslovi

Neprijatelj vrag i Sotona remete živote Božje djece kada pokušavaju živjeti u Svjetlu. Sotona uvijek pokušava naći bilo koji razlog optužiti ljude, i ako pokažu i malu mrlju, Sotona ih zapravo optuži. Primjer je kad netko djeluje sa zlom protiv tebe i ti pretrpiš izvana, ali svejedno imaš loše osjećaje iznutra. Neprijatelj vrag i Sotona to znaju i dižu optužbe protiv tebe zbog tih osjećaja. Tada Bog mora dozvoliti iskušenja prema optužbi. Dok nismo priznati zbog toga da nemamo zla u srcu, bit će testova koji se zovu „pročišćavajuća iskušenja". Naravno, čak i kad odbacimo sve grijehe i postanemo potpuno posvećeni, bit će iskušenja. Ova vrsta iskušenja nam dopušta dobiti veće blagoslove. Kroz to, ne ostajemo samo na nivou bez zla nego kultiviramo veću ljubav i savršeniju dobrotu bez greške i mrlje.

Nije to samo za naš osobni blagoslov; isti se princip

primjenjuje ako pokušavamo ostvariti kraljevstvo za Boga. Jer Bog pokazuje velike radove, mjera na skali pravde se mora sresti. Pokazujući veliku vjeru i djela ljubavi, moramo dokazati da imamo lađe koje mogu primiti odgovor, tako da se neprijatelj vrag i Sotona ne mogu buniti. Tako da nekada Bog dopušta naše testiranje. Ako izdržimo sa samo dobrotom i ljubavi, Bog nam dopušta dati Mu slavu nježnije sa većom pobjedom i On nam daje veće nagrade. Posebno, ako prevladamo progone i teškoće koje se primaju za Gospoda, ti ćeš zasigurno primiti veliki blagoslov. „*Blagoslovljeni ste vi kad vas ljudi zbog mene grde i progone i za vama lažno sve zlo govore. Radujte se i veselite se; jer je velika plaća vaša na nebesima, jer su isto tako progonili i proroke prije vas"* (Po Mateju 5:11-12).

Trpjeti, vjerovati, nadati se, i izdržati sve stvari

Ako vjeruješ svim stvarima i nadaš se svim stvarima sa ljubavi, možeš prevladati bilo koju vrstu iskušenja. Onda koliko bi specifično trebali vjerovati, nadati se, i izdržavati sve stvari?

Prvo, moramo vjerovati u Božjoj ljubav do kraja, čak i tijekom iskušenja.

1. Petrova Poslanica 1:7 govori, „*...da se kušnja vaše vjere, mnogo dragocjenija od zlata raspadljivoga, koje se kuša ognjem, nađe na hvalu i slavu i čast u dan objavljenja Isusa Krista".* On nam izoštrava tako da bi imali kvalifikacije s kojima ćemo moći uživati hvalu i slavu i čast kada naši životi na ovoj

zemlji završe.

Isto tako, ako živimo potpuno prema Riječi Božjoj i ne pravimo kompromise sa svijetom, možda ćemo se sresti par puta sa nepravednom patnjom. Svaki put, moramo vjerovati da primamo specijalnu Božju ljubav. Onda, radije nego biti obeshrabren, bit ćemo zahvalni Bogu jer nas vodi u bolje mjero prebivanja na Nebu. Isto tako, moramo vjerovati u Božju ljubav, i moramo vjerovati do kraja. Možda će biti neke boli u iskušenjima vjere. Ako je bol ozbiljna i potraje duže vrijeme, mogli bismo misliti, „Zašto mi Bog ne pomogne? Zar me više ne voli?" Ali u tim trenutcima, moramo se sjetiti Božje ljubavi jasnije i izdržati iskušenje. Moramo vjerovati da nas Bog Otac želi odvesti u bolje nebesko mjesto prebivanja jer nas On voli. Ako izdržimo do kraja, konačno ćemo postati prava djeca Boga. *„A strpljivost neka ima savršeno djelo, da budete savršeni i potpuni, bez ikakva nedostatka"* (Jakovljeva Poslanica 1:4).

Drugo, da bi izdržali sve stvari moramo vjerovati da su iskušenja prečaci do ispunjenja naših nada.

Poslanica Rimljanima 5:3-4 govori, *„A ne samo to, nego se hvalimo i nevoljama znajući, da nevolja vodi k strpljivosti; a strpljivost k iskustvu, a iskustvo k nadi".* Iskušenje je ovdje kao prečac do ispunjenja naših nada. Možeš misliti kao, „Oh, kada se mogu promijeniti?" ali ako izdržiš i nastaviš se mijenjati opet i opet, malo po malo ti ćeš konačno postati pravo i savršeno dijete Boga koje Mu sliči.

Prema tome, kada iskušenje dođe, ne bi ga smio izbjegavati

nego pokušavati proći najbolje što možeš. Naravno, to je zakon prirode i prirodna želja čovjeka ići lakšim putem. Ali ako pokušamo pobjeći iskušenjima, naše će putovanje samo trajati duže. Na primjer, postoji osoba koja čini se da ti stalno i u svakom pogledu zadaje probleme. Ti to ne pokazuješ otvoreno, ali ti je nelagodno svaki put kad sretneš tu osobu. Prema tome, ti ga samo želiš izbjeći. U toj situaciji, ne bi smio samo ignorirati situaciju, nego ju aktivno prevladati. Trebaš izdržati sa poteškoćama koje imaš s njim, i kultivirati srce koje stvarno shvaća i oprašta toj osobi. Tada će ti Bog dati milost i ti ćeš se promijeniti. Isto tako, svaki od iskušenja će postati kao pomoć i prečac na putu ostvarenja tvojih nada.

Treće, izdržavati sve stvari, moramo činiti samo dobro.

Kada smo suočeni sa naknadnim efektima, čak i nakon što izdržimo sve stvari prema Riječi Božjoj, ljudi se obično žale protiv Boga. Oni prigovaraju govoreći, „Zašto se situacija nije promijenila čak i nakon što sam radio prema Riječi?" Sva iskušenja vjere su donijeli neprijatelj vrag i Sotona. Prvenstveno, testovi i iskušenja su borbe između dobra i zla.

Da bi pobijedili u toj duhovnoj borbi, moramo se boriti prema pravilima duhovnog svijeta. Zakon duhovnog svijeta je da dobrota u konačnici pobjedi. Poslanica Rimljanima 12:21 govori, „*Ne daj, da te zlo nadvlada, nego nadvladaj zlo dobrim*". Ako djelujemo u dobroti na taj način, možda ćemo susresti gubitak i možda ćemo gubiti na trenutak, ali u stvari, suprotno je. To je zato što pravedan i dobar Bog kontrolira svu sreću, nesreću, i život i smrt čovječanstva. Prema tome, kada se susretnemo sa testovima, iskušenjima, i progonim, mi moramo djelovati samo sa dobrotom. U nekim slučajevima bit će vjernika koji susreću progone od svojih nevjerničkih članova obitelji. U tim slučajevima, vjernici bi mogli misliti, „Zašto je moj muž toliko zao? Zašto je moja žena toliko zla?" Ali tada, testovi će postati još veći i duži. Što je dobrota u tom slučaju? Moraš se moliti sa ljubavi i služiti ih u Gospodu. Moraš postati svjetlo koje sjaji sjajnije od tvoje obitelji.

Ako činiš samo dobro prema njima, Bog će učiniti Svoj rad u najpogodnije vrijeme. On će otjerati neprijatelja vraga i Sotonu i također će pomaknuti srca članova tvoje obitelji. Svi problemi će biti riješeni kada djelujemo u dobroti prema pravilima Boga. Najjače oružje u duhovnim borbama nije moć ili mudrost čovjeka nego dobrota Boga. Dakle, izdržimo samo u dobroti i činimo dobre stvari.

Ima li netko oko tebe za koga misliš da je s njim jako teško biti, ili teško za izdržati? Neki ljudi griješe svo vrijeme, uzrokuju štete i zadaju poteškoće drugima. Neki prigovaraju puno i dure se za najmanje stvari. Ali ako kultiviraš pravu ljubav u sebi, neće biti nikoga koga nećeš moći izdržati. To je zbog toga što ćeš voljeti druge kao sebe, baš kao što je Isus rekao da volimo svoje susjede kao sebe (Po Mateju 22:39).

Bog Otac isto nas razumije i sa nama izdržava. Dok ne kultiviraš ljubav u sebi, živjet ćeš kao biserna školjka. Kada strani predmet kao što je pijesak, vodena trava, ili komadići ljuske zaglave između ljuske i njenog tijela, biserna školjka se promjeni u prekrasan biser! Na taj način, ako kultiviramo duhovnu ljubav, mi ćemo proći kroz biserna vrata i ući u Novi Jeruzalem gdje se nalazi Božji tron.

Samo zamisli vrijeme kada ćeš proći biserna vrata i prisjećati se svojih godina na ovoj zemlji. Trebali bismo moći priznati Bogu Ocu, „Hvala Ti što si trpio, vjerovao, nadao se, i izdržavao u svim stvarima za mene", jer On će oblikovati naša srca kao prekrasni biser.

Karakteristike duhovne ljubavi III

12. Sve trpi

13. Sve vjeruje

14. Svemu se nada

15. Sve izdržava

Savršena Ljubav

„Ljubav nikad ne prestaje, a proročanstva ako će i prestati,
ili Jezici ako će umuknuti, ili znanje ako će proći; Jer dijelom znamo.
I dijelom prorokujemo; kad dođe, što je savršeno, prestat će,
što je djelomično. Kad sam bio dijete, govorio sam kao dijete,
mislio sam kao dijete, sudio sam kao dijete.
Kad sam postao muž, odbacio sam, što je bilo djetinje.
Jer sada u ogledalu slabo vidimo, a tada ćemo licem u lice.
Sad poznajem dijelom, a tada ću poznati, kao što sam i poznat.
A sad ostaje vjera, ufanje, ljubav, ovo troje,
ali je najveća među njima ljubav".

1. Poslanica Korinčanima 13:8-13

Kada odeš na Nebo, kad bi mogao uzeti jednu stvar sa sobom, što bi ponio? Zlato? Dijamante? Novac? Sve te stvari su beskorisne na Nebu. Na Nebu, ceste po kojima hodaš su napravljene od čistog zlata. Bog Otac je pripremio prekrasno i vrijedno nebesko prebivalište. Bog razumije naša srca i priprema najbolje stvari sa svim Svojim trudom. Ali postoji jedna stvar koju možemo uzeti sa ove zemlje, i koja će također biti vrijedna na Nebu. To je ljubav. To je ljubav kultivirana u našem srcu dok živimo na ovom svijetu.

Ljubav je također potreba na Nebu

Kada ljudska kultivacija završi i mi odemo u nebesko kraljevstvo, sve stvari na zemlji će nestati (Otkrivenje 21:1). Psalam 103:15 kaže, *„Čovjek: kao trava; tako su dani njegovi, kao cvijet u polju, tako cvjeta"*. Čak i neopipljive stvari kao što su bogatstvo, slava, i autoritet će nestati. Svi grijesi i tama kao što su mržnja, svađanje, zavist, i ljubomora će nestati.

Ali u 1. poslanici Korinčanima 13:8-10 piše, *„Ljubav nikad ne prestaje, a proročanstva ako će i prestati, ili Jezici ako će umuknuti, ili znanje ako će proći. Jer dijelom znamo i dijelom prorokujemo; a kad dođe, što je savršeno, prestat će, što je djelomično"*.

Dar proročanstva, jezika, i znanja u Boga su duhovne stvari, pa što će biti učinjeno s njima? Nebo je duhovni svijet i savršeno mjesto. Na Nebu, sve ćemo znati jasno. Iako komuniciramo sa Bogom jasno i proričući, to je potpuno drugačije od shvaćanja svega u nebeskom kraljevstvu u budućnosti. Tada ćemo jasno razumjeti srce Boga Oca i Gospoda, tako da proročanstva više neće biti potreba.

Isto je s jezicima. Ovdje „jezicima" se odnosi na različite jezike. Ima mnogo različitih jezika na ovoj zemlji, tako da ako želimo pričati s drugim koji priča drugi jezik, moramo naučiti njihov jezik. Zbog kulturnih razlika, moramo uložiti puno vremena i truda da bi podijeliti svoje srce i misli. Čak i ako pričamo isti jezik, mi ne možemo potpuno razumjeti srce i misli druge osobe. Čak i ako pričamo tečno i elokventno, nije lako prenijeti naše srce i misli 100% Zbog riječi, mi imamo nesporazume i svađe. Postoje mnoge pogreške u radu.

Ali ako odemo na Nebo, ne moramo se brinuti oko takvih stvari. Postoji samo jedan jezik na Nebu. Tako da se ne moramo brinuti oko nesporazumijevanja sa drugima. Jer dobro srce prenosi kao što je, ne može biti nesporazuma ili predrasuda.

Isto je sa znanjem. Ovdje „znanje" se odnosi na znanje Riječi Božje. Kada živimo na ovoj zemlji mi marljivo učimo Riječ Božju. Kroz 66 knjiga Biblije, mi učimo kako biti spašeni i dobiti vječan život. Učimo o volji Boga, ali to je samo dio Božje volje, koja je samo o tome što nam je potrebno da dođemo na Nebo.

Na primjer, mi čujemo i učimo i prakticiramo riječi kao, „Ljubite jedini druge", ili „Ne budi zavidan, ne budi ljubomoran", i tako dalje. Ali na Nebu, gdje je samo ljubav, i prema tome, ne trebamo takvu vrstu znanja. Iako su to duhovne stvari, na kraju čak i proročanstvo, različiti jezici, i svo znanje će nestati. To je zbog toga što nam je to potrebno samo privremeno u ovom fizikom svijetu.

Prema tome, jako je važno znati Riječ istine i znati o Nebu, ali još je važnije kultivirati ljubav. Do mjere u kojoj obrezujemo naše srce i kultiviramo ljubav mi možemo ući u bolje nebesko prebivalište.

Ljubav je vječno dragocjena

Samo se sjeti vremena svoje prve ljubavi. Kako si bio sretan! Kao što kažemo zaslijepljeni smo ljubavlju, ako stvarno volimo nekoga, možemo vidjeti samo dobre stvari te osobe i sve na ovom svijetu izgleda prekrasno. Sunce se čini svjetlije nego ikad, i osjetimo čak i miris zraka. Postoje neki laboratorijski nalazi koji kažu da je dio mozga koji kontrolira negativne i kritične misli manje aktivan kod onih koji su zaljubljeni. Na sličan način, ako si ispunjen Božjoj ljubavi u svojem srcu, tako si sretan čak i ako ne jedeš. Na Nebu, ova vrsta sreće traje zauvijek.

Naš život na ovoj zemlji je kao život djeteta u usporedbi sa životom koji ćemo imati na Nebu. Beba koja tek počinje pričati može samo reći par jednostavnih riječi kao „mama" i „tata". On ne može izraziti mnoge stvari točno u detalje. Isto tako, djeca ne mogu razumjeti složene stvari odraslog svijeta. Djeca govore, razumiju, i misle unutar svojeg znanja i sposobnosti kao djeteta. Oni nemaju pravi koncept vrijednosti novca, pa ako im se da kovanica i novčanicu, oni će normalno odabrati kovanice. To je zbog toga što znaju da kovanica ima neku vrijednost jer su je koristili za kupnju čokoladica i sladoleda, ali ne znaju vrijednost novčanice.

Slično je naše razumijevanje Neba dok živimo na ovoj zemlji. Mi znamo da je Nebo prekrasno mjesto, ali nam je teško izraziti koliko je zapravo lijepo. U nebeskom kraljevstvo, nema limita, tako da je ljepota izražena do najvećih granica. Kada odemo na Nebo, mi ćemo isto razumjeti bezgraničnost i misteriju duhovnog svijeta, i principe po kojima sve funkcionira. To je rečeno u 1. poslanici Korinčanima 13:11, *"Kad sam bio dijete, govorio sam kao dijete, mislio sam kao dijete, sudio sam kao dijete. Kad sam postao muž, odbacio sam, što je bilo djetinje".*

U nebeskom kraljevstvu, nema tamo, ni briga ni tjeskoba. Postoje samo dobrota i ljubav. Tako da možemo izražavati našu ljubav i služiti se međusobno koliko god želimo. Na taj način, fizički i duhovni svijet su posve različiti. Naravno, čak i na ovoj zemlji, postoje velike razlike u ljudskom shvaćanju i mislima ovisno o mjeri svačije vjere.

U 1. Ivanovoj poslanici 2, svaki nivo vjere je povezan sa malim djecom, djecom, mladićima, i ocima. Za one koji su na nivou vjere male djece i djece, oni su kao djeca u duhu. Oni ne mogu razumjeti veće duhovne stvari. Oni imaju malo snage u prakticiranju Riječi. Ali kad postanu mladići i očevi, njihove riječi, mišljenje, i djela postaju drugačiji. Oni imaju veću vještinu prakticiranja Riječi Božje, i oni mogu pobijediti borbu protiv moći tame. Ali iako ostvarujemo vjeru očeva na ovoj zemlji, možemo reći da smo kao djeca u usporedbi sa vremenom koje ćemo imati kad uđemo u nebesko kraljevstvo.

Osjećati ćemo savršenu ljubav

Djetinjstvo je vrijeme pripreme za odraslu dob, i isto tako, život na ovoj zemlji je priprema za vječni život. I, ovaj svijet je kao sjena u usporedbi sa vječnim kraljevstvom neba, i jako brzo prolazi. Sjena zapravo ne postoji. Drugim riječima, nije stvarna. To je samo slika koja sliči pravoj stvari.

Kralj David je blagoslovio Gospoda pred cijelim vijećem, i rekao, *„Ta mi smo samo tuđini i gosti pred tobom kao svi oci naši: kao sjena dani su našega života na zemlji i bez nadanja"* (1 Ljetopis 29:15).

Kada gledamo u sjenu nečega, možemo razumjeti opći oblik predmeta. Fizički svijet je isto tako sjena koja nam daje ideju o vječnom svijetu. Kada sjena, koja je život na zemlji, ode, stvarno će se biće otkriti. Upravo sada, znamo o duhovnom svijetu samo nejasno i maglovito, kao da gledamo u zrcalo. Ali kada odemo u nebesko kraljevstvo, mi ćemo razumjeti jasno kao da gledamo licem u lice.

1. Poslanica Korinčanima 13:12 govori, *„Jer sada u ogledalu slabo vidimo, a tada ćemo licem u lice. Sad poznajem dijelom, a tada ću poznati, kao što sam i poznat".* Kada je apostol Pavao napisao Ljubavno Poglavlje, bilo je to prije otprilike 2000 godina. Zrcalo u to doba nije bilo jasno kao današnje zrcalo. Bilo je načinjeno od stakla. Oni su mljeli srebro, broncu ili čelik i polirali metal dok nije reflektirao svjetlo. Zbog toga je zrcalo bilo mutno. Naravno, neki ljudi vide i osjete nebesko kraljevstvo jasnije sa otvorenim duhovnim očima. Ipak, možemo osjetiti ljepotu i sreću Neba samo maglovito.

Kada kasnije uđemo u vječno nebesko kraljevstvo, mi ćemo jasno vidjeti svaki detalj kraljevstva i osjetiti ga direktno. Naučiti ćemo o veličini, moći, i ljepoti Boga koja je izvan riječi.

Ljubav je najveća među vjeri, nadi, i ljepoti

Vjera i nada su jako važne da se naša vjera poveća. Možemo se spasiti i otići na nebo samo ako imamo vjeru. Možemo postati Božja djeca samo sa vjerom. Jer možemo primiti spasenje, vječan život, i nebesko kraljevstvo samo sa vjerom, vjera je jako vrijedna. I bogatstvo sveg bogatstva je vjera; vjera je ključ primanja odgovora na naše molitve.

A što je s nadom? Nada je isto tako vrijedna; mi uzimamo bolje mjesto prebivanja na Nebu jer imamo nadu. Tako da, ako imamo vjere, mi ćemo prirodno imati i nade. Ako zasigurno vjerujemo u Boga i Nebo i Pakao, mi ćemo se nadati za Nebo. Isto tako, ako imamo nade, mi ćemo se pokušavati posvetiti i vjerno raditi za Božje kraljevstvo. Vjera i nada su potrebne dok ne dođemo u nebesko kraljevstvo. Ali u 1. poslanici Korinčanima 13:12 piše ljubav je najveća, a zašto?

Prvo, vjera i nada su ono što je potrebno samo tijekom života na ovoj zemlji, i samo duhovna ljubav ostaje na kraljevstvu neba.

Na Nebu, ne moramo ništa vjerovati bez da vidimo ili nadati se nečemu jer je sve pred našim očima. Pretpostavimo da imaš nekoga koga jako voliš, i niste se sreli tjedan dana, ili još više, deset godina. Imat ćemo puno dublje i jače osjećaje kada ga sretnemo nakon deset godina. I nakon što se sretnemo s njim, tko nam je nedostajao deset godina, hoće li postojati netko kome još uvijek nedostaje?

Isto je s kršćanskim životom. Ako stvarno imamo vjere i ljubav Boga, naša nada će rasti kako vrijeme prolazi i kako naša vjera raste. Iz dana u dan Gospod će nam sve više nedostajati. Oni koji na ovaj način imaju nadu o Nebu neće reći da je teško iako hodaju uskom cestom na ovoj zemlji, i neće ih pokolebati nikakvo iskušenje. I kada dostignemo naše konačno odredište, nebesko kraljevstvo, neće nam više trebati vjera i nada. Ali ljubav zauvijek traje na Nebu, i zato Biblija kaže da je ljubav najveća.

Drugo, možemo imati Nebo u vjeri, ali bez ljubavi, ne možemo ući u najljepše boravište, Novi Jeruzalem. Možemo prisilno preuzeti nebesko kraljevstvo do te mjere da djelujemo s vjerom i nadom. Do te mjere da živimo po Riječi Božjoj, odbacimo grijehe, i kultiviramo prekrasno srce, dobit ćemo duhovnu vjeru, i u skladu s mjerom ove duhovne vjere, dobit ćemo različita boravišta na Nebu: Raj, Prvo Nebesko Kraljevstvo, Drugo Nebesko Kraljevstvo, Treće Nebesko Kraljevstvo, i Novi Jeruzalem.

Raj je za one koji imaju samo dovoljno vjere da budu spašeni prihvaćajući Isusa Krista. To znači da nisu činili ništa za kraljevstvo Boga. Prvo Nebesko Kraljevstvo je za one koji su pokušavali živjeti po Riječi Božjoj nakon prihvaćanja Isusa Krista. Puno je ljepše od Raja. Drugo Nebesko Kraljevstvo je za one koji su živjeli po Riječi Božjoj sa svojom ljubavi prema Bogu i bili odani Božjem kraljevstvu. Treće Nebesko Kraljevstvo je za one koji vole Boga do najvišeg stupnja i odbacili su sve oblike zla kako bi bili posvećeni. Novi Jeruzalem je za one koji imaju vjeru koja udovoljava Bogu i bili su odani kući Božjoj.

Novi Jeruzalem je nebesko prebivalište koje dobivaju ona djeca Boga koja su kultivirala savršenu ljubav u vjeri, i ona je kristaloid ljubavi. Zapravo, nitko osim Isusa Krista, jedinog začetog Sina

Boga nema kvalifikacije ući u Novi Jeruzalem. Ali mi kao stvorenja također možemo imati kvalifikacije za ući ondje ako smo opravdani dragocjenom krvi Isusa Krista i imamo savršenu vjeru. Da bismo nalikovali Gospodu i dospjeli u Novi Jeruzalem, moramo slijediti put kojim je Gospod išao. To je put ljubavi. Jedino s tom ljubavi možemo roditi devet plodova Duha Svetoga i Blaženstva da bismo bili vrijedni Božje prave djece koja imaju karakteristike Gospoda. Jednom kada dobijemo kvalifikacije Božje prave djece, primamo sve što smo tražili na ovoj zemlji, i dobit ćemo privilegiju hodati s Gospodom zauvijek na Nebu. Stoga, možemo ići na Nebu ako imamo vjere, i možemo odbaciti grijehe ako imamo nade. Iz tog razloga su sigurno neophodne vjera i nada, ali ljubav je najveća jer možemo ući u Novi Jeruzalem jedino ako imamo ljubavi.

„Ne budite nikome ništa dužni, osim da ljubite jedan drugoga;

jer koji ljubi bližnjega, ispunio je zakon.

Jer zapovijedi: 'Ne čini preljube! Ne ubijaj!

Ne kradi! Ne svjedoči lažno! Ne želi požudno!

I svaka druga zapovijed u ovoj se riječi sadrži:

Ljubi bližnjega svojega kao samoga sebe'.

Ljubav ne čini zla bližnjemu.

Ljubav je dakle izvršenje zakona".

Poslanica Rimljanima 13:8-10

3. dio
Ljubav je Izvršenje Zakona

1. poglavlje : **Božja Ljubav**
2. poglavlje : **Ljubav Krista**

Božja Ljubav

*„I mi upoznasmo i vjerovasmo ljubav,
koju Bog ima prema nama.
Bog je ljubav, i koji ostaje u ljubavi,
u Bogu ostaje, i Bog ostaje u njemu".*
1. Ivanova Poslanica 4:16

Tokom rada s Quechua Indijancima, Elliot se pripremao posjetiti poznato ratoborno indijansko pleme Hurona. On i četiri druga misionara, Ed McCully, Roger Youderian, Peter Fleming i njihov pilot Nate Saint, su kontaktirali Hurone iz aviona koristeći megafon i košaru za spuštanje poklona. Nakon nekoliko mjeseci, ljudi su odlučili sagraditi bazu u blizini male skupine Hurona, uz rijeku Curaray. Tamo im je nekoliko puta prišla mala skupina Hurona, i čak su provozali u avionu jednog znatiželjnog Hurona kojeg su nazvali „George" (njegovo pravo ime je bilo Naenkiwi). Potaknuti takvim prijateljskim susretima, počeli su planirati posjetu Huronima, ali njihovi planove je preduhitrio dolazak veće skupine Hurona, koji su ubili Elliota i njegovu četvoricu suputnika 8. siječnja 1956. Elliotovo osakaćeno tijelo je pronađeno nizvodno zajedno s tijelima ostalih, osim tijela Eda McCully-a.

Elliot i njegovi prijatelji su u trenutku postali poznati diljem svijeta kao mučenici, i Life časopis je objavio članak na 10 stranica o njihovoj misiji i smrti. Pripisano im je poticanje interesa među mladima za kršćanske misije u svijetu, i još se smatraju poticajem za kršćanske misionare koji rade preko svijeta. Nakon smrti svog supruga, Elisabeth Elliot i ostali misionari su počeli raditi među Auca Indijancima, gdje su imali značajan utjecaj na mnoga obraćenja. Mnoge su duše osvojene ljubavlju Boga.

„Ne budite nikome ništa dužni, osim da ljubite jedan drugoga; jer koji ljubi bližnjega, ispunio je zakon. Jer zapovijedi: 'Ne čini preljube! Ne ubijaj! Ne kradi! Ne svjedoči lažno! Ne želi požudno! I svaka druga zapovijed u ovoj se riječi sadrži: Ljubi bližnjega

svojega kao samoga sebe'. Ljubav ne čini zla bližnjemu. Ljubav je dakle izvršenje zakona" (Poslanica Rimljanima 13:8-10).

Najviši nivo ljubavi među svima je ljubav Boga prema nama. Stvorenje svih stvari i ljudi je poteklo iz ljubavi Boga.

Bog je stvorio sve stvari i ljudska bića iz Svoje ljubavi

U početku je Bog sam nastanjivao ogroman prostor svemira. Taj svemir je drugačiji svemir od ovoga kakav poznajemo danas. To je prostor koji nema početak ni kraj niti bilo kakvo ograničenje. Sve stvari djeluju po volji Boga i po onom što drži u svome srcu. Onda, ako Bog može činiti sve što želi, zašto je stvorio ljudska bića?

Htio je pravu djecu s kojom može podijeliti ljepotu Svog svijeta u kojoj je On uživao. Htio je dijeliti svemir gdje sve djeluje po njegovim željama. Slično je s ljudskim umom; htjeli bismo otvoreno dijeliti dobre stvari s onima koje volimo. S ovom nadom, Bog je planirao ljudsku kultivaciju da bi dobio pravu djecu.

Kao prvi korak, podijelio je svemir u fizički svijet i duhovni svijet, stvorio nebesku vojsku i anđele, druga duhovna bića, i sve druge potrebne stvari za duhovni svijet. Stvorio je svijet za Svoj boravak kao i nebeska kraljevstva gdje će boraviti Njegova prava djeca, i svemir u kojem će ljudska bića prolaziti kultivaciju. Nakon nemjerljivog perioda vremena, stvorio je zemlju u fizičkom svijetu kao i sunce, mjesec, i zvijezde, i prirodni okoliš, sve što čovjeku treba za život.

Oko Boga postoji nebrojeno puno duhovnih bića poput anđela, ali oni su bezuvjetno poslušni, donekle poput robota. Oni nisu bića s kojima Bog može dijeliti Svoju ljubav. Iz tog je razloga Bog stvorio čovjeka na svoju sliku kako bi dobio pravu djecu s kojom može dijeliti Svoju ljubav. Da je moguće imati robote s lijepim licima koji rade točno što želiš, bi li zamijenio njima svoju vlastitu djecu? Iako te tvoja djeca možda ne slušaju svaki put ipak su puno dražesnija od tih robota jer mogu osjetiti tvoju ljubav i iskazati svoju ljubav prema tebi. Isto je s Bogom. On je htio pravu djecu s kojom može razmjenjivati Svoje srce. S ovom ljubavi, Bog je stvorio prvo ljudsko biće, i to je bio Adam.

Nakon što je Bog napravio Adama, stvorio je vrt u mjestu koje se zove Eden prema istoku, i doveo ga ondje. Bog je iz obzira prema Adamu dao mu Edenski vrt. To je tajanstveno prekrasno mjesto gdje cvijeće i drveće raste vrlo dobro i dražesne životinje hodaju okolo. Obilno voće je posvuda. Povjetarci djeluju mekano kao svila a trava čini šapćuće zvukove. Voda blista poput dragocjenog dragog kamenja kako se svjetlo reflektira od njih. Čak ni sa najboljom maštom ljudi, ne možemo pojmiti ljepotu ovog mjesta.

Bog je Adamu također dao pomoćnika koga je nazvao Eva. To nije zato što se Adam sam osjećao usamljeno. Bog je razumio Adamovo srce unaprijed jer je Bog bio sam toliko dugo vremena. U najboljim mogućim uvjetima za život koje im je Bog dao, Adam i Eva su šetali uz Boga i, toliko dugo, dugo vremena, uživali autoritet nad svim stvorenjima.

Bog kultivira ljudska bića da bi ih napravio Svojom pravom djecom

Ali Adamu i Evi je nedostajalo nešto da bi bili prava djeca Boga. Iako im je Bog dao svoju ljubav u potpunosti, oni nisu mogli stvarno osjetiti Božju ljubav. Uživali su u svemu što im je Bog dao, ali nije postojalo ništa što su svojim trudom zaradili. Stoga, nisu shvaćali koliko je dragocjena Božja ljubav, i nisu cijenili što im je dano. Nadalje, nikada nisu iskusili smrt ili nesreću, i nisu znali vrijednost života. Nikada nisu iskusili mržnju, pa nisu znali pravu vrijednost ljubavi. Iako su čuli o tome i imali teoretsko znanje, nisu mogli osjetiti pravu ljubav u svojim srcima jer nisu imali iskustvo iz prve ruke.

Razlog zbog kojeg su Adam i Eva jeli sa stabla spoznaje dobra i zla leži u tome. Bog je rekao, „…*čim bi jeo s njega, morao bi umrijeti*", ali nisu znali potpuno značenje smrti (Postanak 2:17). Nije li Bog znao da će jesti sa stabla spoznaje dobra i zla? Je. Znao je, ali On je dao Adamu i Evi slobodnu volju da odaberu poslušnost. Ovdje leži providnost za ljudsku kultivaciju.

Kroz ljudsku kultivaciju, Bog želi da svi ljudi dožive suze, tugu, bol, smrt, itd., tako da kada kasnije uđu na nebo, istinski osjete koliko su vrijedne i dragocjene nebeske stvari, i mogu uživati istinsku sreću. Bog je htio zauvijek s njima dijeliti Svoju ljubav na Nebu, koje je, iznad svake usporedbe, ljepše i od Edenskog vrta.

Nakon što su Adam i Eva prekršili Riječ Boga, oni više nisu mogli živjeti u Edenskom Vrtu. A budući da je Adam izgubio autoritet nad svim stvorenima, sve životinje i biljke su također bile proklete. Zemlja koja je bila prekrasna i u izobilju, sada je također bila prokleta. Sada rađa trnje i korov, i ljudi nisu mogli uzgajati ništa bez muke i u znoju lica svog.

Iako Adam i Eva nisu poslušali Boga, On je ipak napravio odjeću od kože i odjenuo ih, jer inače ne bi mogli živjeti u tom potpuno drugačijem okolišu (Postanak 3:21). Božje srce je sigurno gorjelo kao srce roditelja koji je morao poslati neko vrijeme svoje dijete kako bi se pripremilo za budućnost. Unatoč ljubavi Boga, nedugo nakon što je počela ljudska kultivacija, ljudi su bili okaljani grijehom i brzo su se udaljili od Boga.

Poslanica Rimljanima 1:21-23 govori, *„Jer kad spoznaše Boga, ne proslaviše ga kao Boga, niti mu zahvališe, nego zaludješe u svojim mislima, i potamnje nerazumno srce njihovo. Kad su govorili da su mudri, postadoše ludi, i pretvoriše slavu besmrtnoga Boga u obličje smrtnoga čovjeka i ptica i četveronožaca i gmazova".*

Za ovo grešno čovječanstvo, Bog je pokazao Svoju providnost i ljubav kroz svoj odabrani narod, Izraelce. U jednu ruku, dok su živjeli po Božjoj riječi, pokazao im je nevjerojatna čuda i dao im je velike blagoslove. U drugu ruku, kada su se udaljili od Boga, slavili idole i činili grijehe, Bog je poslao mnoge proroke da pokažu Njegovu ljubav.

Jedan od proroka je bio Hoše, koji je bio aktivan u mračnom dobu nakon što se Izrael podijelio na sjeverni Izrael i južnu Judeju. Jednog je dana Bog Hošeu posebnu naredbu govoreći, *„Idi, uzmi ženu, koja je bludnica, i izrodi djecu bludničku"* (Hoše 1:2). Nije bilo nezamislivo za Božjeg proroka da uzme razvratnu ženu. Iako nije potpuno shvaćao Božju namjeru, Hoše je poslušao Njegovu Riječ i uzeo ženu pod imenom Gomer kao svoju ženu.

Rodili su troje djece, ali je Gomer otišla drugome zbog svoje požude. Ipak, Bog je rekao Hošeu da voli svoju ženu (Hoše 3:1). Hoše ju je tražio i kupio ju sebi za petnaest srebrnih šekala, homer i pol ječma.

Ljubav koju je Hoše davao Gomer simbolizira Božju ljubav prema nama. A Gomer, razvratna žena simbolizira sve ljude koji su okaljani grijehom. Baš kako je Hoše uzeo razvratnu ženu kao svoju ženu, Bog prvo voli one koji su bili okaljani grijehom u ovom svijetu.

Pokazao je svoju neograničenu ljubav, u nadi da će se svatko okrenuti od svog puta smrti i postati njegovo dijete. Iako su se sprijateljili sa svijetom i udaljili se neko vrijeme od Boga, On nikada ne bi rekao, „Napustio si Me i Ja te nikada ne mogu prihvatiti natrag". On samo želi da Mu se svi vrate i On to želi sa iskrenijim srcem od srca roditelja koji čeka da mu se vrati dijete koje je pobjeglo od kuće.

Bog je pripremao Isusa Krista prije vjekova

Prispodoba o razmetnom sinu po Luki 15 eksplicitno prikazuje srce Boga Oca. Drugi sin koji je uživao bogati život kao dijete nije imao zahvalno srce za svog oca niti je shvaćao vrijednost života kakav je živio. Jednog je dana pitao da svoj dio novca od nasljedstva unaprijed. On je bio tipično razmaženo dijete koje je pitalo za svoj dio nasljedstva dok je njegov otac još uvijek živ.

Otac nije mogao zaustaviti sina, jer njegov sin nije ni malo shvaćao roditeljsko srce, i na kraju mu je dao novac od nasljedstva. Sin je bio sretan i otišao je na put. Očeva bol je počela u tom trenutku. Bio je zabrinut misleći, „Što ako se ozlijedi? Što ako sretne zle ljude?" Otac nije mogao ni spavati od brige za sina, gledao je horizont nadajući da će se sin vratiti.

Uskoro je sinu ponestalo novaca, i ljudi su se počeli loše ponašati prema njemu. Bio je u tako užasnoj situaciji da je htio utažiti glad hranom koju su svinje jele, ali nitko mu nije htio ništa dati. Tada se sjetio očeve kuće. Vratio se kući, ali bilo mu je tako žao da nije mogao dići glavu. Ali otac je dotrčao do njega i poljubio ga. Otac ga nije ni za što krivio nego je samo bio tako sretan da je stavio najbolju odjeću na njega i ubio tele da bi priredio zabavu a njega. To je ljubav Boga.

Bog ne daje ljubav samo posebnim ljudima u posebno vrijeme. 1. Poslanica Timoteju 2:4 govori, *„Koji hoće, da se svi ljudi spase i dođu do spoznanja istine"*. On drži vrata spasenja otvorena svo vrijeme, i kada duša dođe natrag Bogu, On ju dočeka s puno radosti i veselja.

Sa ljubavi Boga koji nas ne pušta do samog kraja, put je otvoren za svakog tko želi primiti spasenje. Bog je pripremio Svog jedinog začetog Sina Isusa Krista. Kao što je zapisano u poslanici Hebrejima 9:22, *„I gotovo sve se krvlju čisti po zakonu, i bez proljevanja krvi nema oproštenja"*, Isus je platio cijenu grijeha koju su grešnici morali platiti, sa Svojom vrijednom krvi i Svojim životom.

1. Ivanova Poslanica 4:9 govori o ljubavi Boga i zapisano je, *„Po tom se pokaza ljubav Božja prema nama, što Bog Sina svojega jedinorođenoga posla na svijet, da živimo po njemu"*. Bog je dao Isusa koji je prolio Svoju vrijednu krv da iskupi čovječanstvo njihovih grijeha. Isus je bio razapet, ali On je prevladao smrt i uskrsnuo treći dan, jer On nema grijeha. Kroz taj put naše spasenje

je otvoreno. Dati Svog jedinog začetog Sina nije lako kao što zvuči. Korejska poslovica kaže „Roditelj ne osjećaju bol čak i ako su njihova djeca fizički stavljena u njihove oči". Mnogi roditelji osjećaju da su životi njihove djece važniji od njihovih života. Dakle, za Boga dati Svog jedinog začetog Sina Isusa pokazuje konačnu ljubav. Nadalje, Bog je pripremio kraljevstvo nebesko za one koje On dobije kroz krv Isusa Krista. Kakva je to velika ljubav! A ipak Božja ljubav tu ne staje.

Bog nam je dao Duh Sveti koji nas vodi na Nebo

Bog je dao Duh Sveti kao dar onima koji prihvate Isusa Krista i prime oprost grijeha. Duh Sveti je srce Boga. Od vremena uzašašća Gospoda, Bog je poslao Pomoćnika, Duha Svetoga u naša srca.

Poslanica Rimljanima 8:26-27 govori, *„A tako i Duh pomaže nam u našoj slabosti; jer ne znamo, za što ćemo se moliti, kao što treba, nego sun Duh moli se za nas uzdisanjem neiskazanim, a onaj, koji ispituje srca zna, što je želja Duha, jer po volji Božjoj moli se za svete".*

Kada griješimo, Duh Sveti nas vodi do pokajanja kroz uzdahe preduboke za riječi. Oni koji imaju slabu vjeru, On daje vjeru, onima koji nemaju nade, On im daje nadu. Baš kao što majka nježno tješi i pazi za svoje dijete, On nam daje Svog glas tako da nećemo biti ozlijeđeni ili oštećeni na bilo koji način. Na ovaj način On nam pokazuj srce Boga koji nas voli, i On nas vodi do kraljevstva nebeskog.

Ako razumijemo ovu ljubav duboko, ne možemo si pomoći

nebo voljeti Boga nazad. Ako volimo Boga sa svim srce, On nam daje veliku i veličanstvenu ljubav koja nas preplavi. On nam daje zdravlje, i On će nas blagosloviti sa svim i sve će nam dobro ići. On to čini jer je to zakon duhovnog svijeta, ali važnije, jer On želi da osjetimo Njegovu ljubav kroz blagoslov koji primimo od Njega. *„Ja ljubim one, koji ljube mene i koji me braze, nađu me"* (Mudre Izreke 8:17).

Što si osjetio kad si prvi puta sreo Boga i primio izlječenje ili rješenje raznih problema? Sigurno si osjetio da Bog voli čak i grešnika kao tebe, Ja vjerujem da si se ispovjedio iz svog srca, „Ako bi mogli ocean ispuniti sa tintom, a od neba napraviti papir, da bi napisali Božju ljubav iznad, iscrpili bismo ocean". Isto tako, ja vjerujem da si bio preplavljen ljubavi Boga koji ti je dao vječno Nebo gdje nema brige, tuge, bolesti, odvajanja, i smrti.

Mi nismo prvo voljeli Boga. Bog je prvo došao do nas i ispružio Svoju ruku prema nama. On nas nije volio jer zaslužujemo biti voljeni. Bog nas je volio toliko puno da je dao Svog jedinog začetog Sina za nas koji smo grešnici i osuđeni na smrt. On je volio sve ljude, i On se brinuo za sve nas sa većom ljubavi od bilo koje ljubavi majke koja ne može zaboraviti nadojiti dijete (Izaija 49:15). Čeka nas kao da su tisuće godina bile samo dan.

Božja ljubav je prava ljubav koja se ne mijenja prolaskom vremena. Kada kasnije odemo na Nebo, naša usta će pasti do poda kad vidimo prekrasne krune, blistave fine tkanine, i nebeske kuće sagrađene sa zlatom i dragim kamenjem, koje je Bog pripremio za nas. On nam daje nagrade i darove čak i tijekom našeg zemaljskog života, i On nas željno čeka na dan kad ćemo biti u Njegovoj vječnoj slavi. Osjetimo Njegovu veliku ljubav.

2. POGLAVLJE — Ljubav Krista

Ljubav Krista

„...I živite u ljubavi kao što je i Krist ljubio nas i predao sebe za nas kao prinos i žrtvu Bogu na ugodni miris".

Poslanica Efežanima 5:2

Ljubav ima veliku moć učiniti nemoguće mogućim. Posebno je veličanstvena ljubav Boga i ljubav Gospoda. Može od nesposobnih ljudi koji nisu u stanju bilo što djelotvorno učiniti napraviti sposobne ljude koji su u stanju bilo što učiniti. Kada su neobrazovani ribari, prikupljači poreza - koje su svi smatrali grešnicima - siromašni ljudi, udovice, i zapostavljeni ljudi svijeta, sretnu Gospoda, njihovi se životi iz korijena promijene. Njihovo se siromaštvo i bolesti razriješe, i oni osjete ljubav kakvu nisu nikada ranije. Smatraju se bezvrijednima, ali oni su ponovno rođeni kao veličanstveni Božji instrument. Ovo je snaga ljubavi.

Isus je došao na ovu zemlju odričući se sve nebeske slave

U početku Bog je bio Riječ i Riječ je sišla na ovu zemlju u ljudskom obliku. To je Isus, začeti sin Boga. Isus je sišao na ovu zemlju da bi spasio grijehom okovane ljude koji idu putem smrti. Ime „Isus" znači *„on će izbaviti svoj narod od grijeha"* (Po Mateju 1:21).

Svi ti grijehom okaljani ljudi su postali ni malo različiti od životinja (Propovjednik 3:18). Isus se rodio u štali sa životinjama da bi otkupio ljude koji su odbacili ono što su trebali raditi i koji nisu bolji od životinja. Bio je polegnuti na način prikladan za hranjenje životinja da bi postao prava hrana za takve ljude (Ivan 6:51). Tako im je bilo dopušteno obnoviti izgubljenu sliku Boga i činiti svoju potpunu dužnost.

Isto tako po Mateju 8:20 piše, *„Lisice imaju svoje jame, ptice nebeske svoja gnijezda, a Sin čovječji nema gdje da nasloni glavu* *svoju"*. Kako je rečeno, On nije imao mjesto za spavanje, i morao je spavati na polju kroz kišu i hladnoću. Često je bio bez hrane i gladan. To nije zato što nije bio sposoban. To je da bi nas otkupio od siromaštva. 2. poslanica Korinčanima 8:9 kaže, *„Jer znate milost Gospodina našega Isusa Krista, da je, premda je bio bogat, zbog vas postao siromašan, da se vi njegovim siromaštvom obogatite".*

Isus je počeo svoju javnu službu znakom pretvaranja vode u vino na svadbenoj gozbi u Kani. Propovijedao je kraljevstvo Božje i činio mnoge znakove i čuda u području Judeje i Galileje Mnogi su gubavci izliječeni, hromi prohodali i počeli skakati, a oni koji su bili zaposjednuti demonom bili su oslobođeni snage tame. Čak je i osoba koja je bila mrtva već četiri dana izašla živa iz grobnice (Po Ivanu 11).

Isus je činio takve veličanstvene stvari tijekom Svoje službe na ovoj zemlji kako bi ljudima prikazao Božju ljubav. Nadalje, kako je izvorno bio jedno s Bogom i samom Riječi, u potpunosti je slijedio zakon kako bi postavio savršeni primjer. Također, samo zato što je potpuno slijedio zakon, nije osuđivao one koji nisu i koji su osuđeni na smrt. Samo je učio ljude istini kako bi se makar jedna duša pokajala i primila spasenje.

Da je Isus gledao strogo prema zakonu, nitko ne bi mogao primiti spasenje. Zakon su zapovijedi u kojima nam Bog govori što činiti, što ne, što odbaciti, i što čuvati. Na primjer, postoje zapovijedi poput „Svetkuj dan Gospodnji; Ne poželi nikakve tuđe stvari; Poštuj oca i majku; odbaci sve oblike zla". Krajnji cilj svih zakona je ljubav. Ako znaš sve statute zakona, možeš prakticirati ljubav, barem izvana.

Ono što Bog želi od nas je da djelujemo po zakonu. On želi da praticiramo zakon s ljubavlju iz našeg srca. Isus je poznavao ovo srce Boga jako dobro i ispunjavao je zakon s ljubavlju u srcu. Jedan od najboljih primjera je slučaj žene koja je uhvaćena u samom činu preljuba (Po Ivanu 8). Jednog su dana pismoznanci i Farizeji doveli ženu koja je počinila preljub, stavili ju u sredinu i pitali Isusa: *„Mojsije nam je zapovjedio u zakonu, da takve kamenujemo. A ti što veliš?"* (Po Ivanu 8:5). To su rekli kako bi pronašli osnove za podizanje optužbi protiv Isusa. Što misliš kako se ta žena osjećala u tom trenutku? Sigurno je bila tako posramljena što su njeni grijesi otkriveni pred svima, i sigurno je drhtala od straha jer su je upravo trebali kamenovati. Da je Isus rekao, „Kamenujte ju", njen bi život prestao kada bi ju pogodilo toliko kamenja.

Isus ipak nije rekao da ju se kazni u skladu sa zakonom. Umjesto toga, spustio se i počeo pisati prstom nešto po zemlji. To je bila lista grijeha koje su ljudi zajednički počinili. Nakon što je pobrojio njihove grijehe, ustao se i rekao: *„Tko je među vama bez grijeha, neka prvi baci kamen na nju"* (s. 7). Zatim se spustio i ponovno počeo pisati.

Ovoga puta, zapisao je grijehe svakoga od njih, kao da ih je vidio, kada su, gdje su, i kako počinili svoje grijehe. Oni koji su imali grižnju savjesti, napustili su mjesto jedan po jedan. Na kraju, ostali su samo Isus i žena. Sljedeći stihovi 10 i 11 govore, *„ 'Ženo, gdje su oni koji su te tužili? Nitko te ne osudi?' Ona odgovori: 'Nitko, Gospodine!' Tada reče Isus: 'Ni ja te neću osuditi. Idi. I od sada više ne griješi!' "* (Ivan 8:11).

Nije li žena znala da je kazna za preljub smrt kamenovanjem? Naravno da je. Znala je zakon ali je ipak počinila grijeh jer nije mogla prevladati svoju požudu. Samo je čekala svoju smrt nakon što je otkriven njen grijeh, i neočekivano je doživjela Isusov oprost, koliko je sigurno duboko bila ganuta! Sve dok se sjeća Isusove ljubavi, ne može počiniti grijeh.

Budući da je Isus u svojoj ljubavi oprostio ženi koja je prekršila zakon, znači li to da je zakon nepotreban ako volimo Boga i svoje susjede? Nije. Isus je rekao „*Ne mislite, da sam došao ukloniti zakon ili proroke. Nijesam došao da ih uklonim, nego da ih ispunim*" (Po Mateju 5:17).

Možemo savršenije djelovati po Božjoj volji zato što imamo zakone. Ako netko samo kaže da voli Boga, ne možemo izmjeriti koliko je duboka i široka njegova ljubav. Međutim, mjera njegove ljubavi se može provjeravati jer imamo zakone. Ako voli Boga svim svojim srcem, definitivno će slijediti zakon. Za takvu osobu, nije teško slijediti zakon. Štoviše, po mjeri u kojoj slijedi zakon, dobit će Božju ljubav i blagoslove.

Ali legalisti u to vrijeme nisu bili zainteresirani za Božju ljubav sadržanu u zakonima. Nisu se usredotočili na to da održe svoje srce svetim, nego su se samo držali forme. Osjećali su zadovoljstvo i ponos u izvanjskom čuvanju zakona. Mislili su da poštuju zakon, i stoga su odmah sudili i osuđivali one koji su ga kršili. Kada je Isus objasnio pravo značenje skriveno u zakonu i učio o srcu Boga, rekli su da je Isus u krivu i da je zaposjednuti demonom.

Zato što Farizeji nisu imali ljubavi, poštivanje zakona nije ni malo koristilo njihovim dušama (1. Poslanica Korinčanima 13:1-3). Nisu odbacili zlo iz svojih srca, nego su samo sudili i osuđivali druge, i tako se udaljavali od Boga. Naposljetku, počinili su grijeh razapinjanja Sina Božjeg, što se ne može preokrenuti.

Isus je ispunio providnost križa sa poslušnosti do smrti

Pred kraj trogodišnje službe, Isus je otišao na Maslinsku Goru pred početak Njegovih patnji. Kako se noć spuštala, Isus je iskreno molio gledajući razapeće pred njim. Njegova je molitva bila krik za spas svih duša kroz Njegovu krv koja je potpuno nevina. Bila je to molitva u kojoj je tražio snagu za prevladavanje patnji križa. Molio se jako revno, i Njegov se znoj pretvorio u kapljice krvi, padajući na pod (Po Luki 22:42-44).

Tu noć, Isusa su zarobili vojnici i odveli ga s mjesta na mjesto da bi bio ispitan. Naposljetku on je primio smrtnu kaznu na Pilatovom sudu. Rimski su vojnici stavili trnje na Njegovu glavu, pljuvali po Njemu, i tukli Ga prije nego su Ga odveli na mjesto smaknuća (Po Mateju 27:28-31).

Njegovo je tijelo bilo prekriveno krvlju. Rugali su mu se i bičevali ga cijelu noć, I sa takvim tijelom On je otišao na Golgotu noseći drveni križ. Slijedila Ga je velika gomila. Jednom su ga slijedili vičući mu „Hosana" ali sad su postaju rulja vičući „Razapni ga!" Isusovo je lice bilo prekriveno krvlju da je bilo neprepoznatljiva. Sva je njegova snaga bila iscrpljena zbog boli koja je nanesena tijekom mučenja i bilo mu je jako teško nastaviti dalje.

Nakon što je došao do Golgote, Isus je razapet da bi nas iskupio. Da bi nas iskupio, koji smo pod kletvom Zakon koji govori da su plače za grijehe smrt (Poslanica Rimljanima 6:23), On je obješen na drveni križ i prolio je svu Svoju krv. On nam je oprostio grijehe koje smo pomislili kroz misli nosio je krunu od trnja. Pribili su Mu ruke i noge da bi oprostio grijehe koje smo počini sa našim rukama i nogama.

Glupavi ljudi koji nisu znali činjenicu da se rugaju i podsmjehuju Isusu koji visi na križu (Po Luki 23:35-37). Ali čak i kroz nevjerojatne boli, Isus se molio za oprost onima koji su ga razapinjali kao što je zapisano po Luki 23:34, *„Oče, oprosti im; jer ne znadu, što čine"*.

Razapinjanje je jedno od najokrutnijih metoda smaknuća. Osuđenik mora patiti boli za relativno duže vrijeme od bilo koje druge vrste kazni. Ruke i noge su probijene, i tijelo se raspada. Tu je također i ozbiljna dehidracija i poremećaj u cirkulaciji krvi. To uzrokuje polagano propadanje funkcija unutarnjih organa. Onaj kojeg smiču mora patiti boli koje dolaze od raznih insekata koji dolaze mirišući krv.

Što misliš o čemu je Isus mislio na križu? Nije to bila nevjerojatna bol u Njegovom tijelu. Nego je On mislio o razlogu zbog kojeg je Bog stvorio čovjeka, značenje kultiviranja čovjeka na ovoj zemlji, i razlog zašto se On morao žrtvovati kao pomirba za ljudske grijehe, i On je ponudio srdačnu molitvu hvale.

Nakon što je Isusu šest sati patio na križu, On je rekao, *„Žedan sam"* (Po Ivanu 19:28). Bila je to duhovna žeđ, što znači žeđ da privoli duše koje su bile na putu smrti. Misleći o nebrojenim dušama, koje će živjeti na zemlji u budućnosti, On je upitan da prenese poruku križa i spasi duše.

Isus je konačno rekao, *„Svršeno je!"* (Po Ivanu 19:30) i onda je udahnuo Svoj zadnji dah nakon što je rekao *„Oče, u ruke tvoje predajem duh svoj"* (Po Luki 23:46). On je predao Svoj duh u Božje ruke jer je On ispunio Svoju dužnost i otvorio put spasenja za sve čovječanstvo postajući sama pomirba. Bio je to trenutak kada je djelo najveće ljubavi bilo ispunjeno. Od tada, zid grijeha koji je stajao između Boga i nas pao, i mi smo dobili mogućnost pričati sa Bogom direktno. Prije toga, najveći svećenici su morali prinijeti žrtvu oprosta grijeha za ljude, ali to više nije tako. Svatko tko vjeruje u Isusa Krista može doći u sveto svetište Boga i slaviti Ga direktno.

Isus priprema Nebesko prebivalište sa Svojom Ljubavi

Prije nego je otišao na križ, Isus je rekao Svojim učenicima o stvarima koje je tek doći. On im je rekao da će otići na križ da bi ispunio providnost Njegova Oca Boga, ali učenici su svejedno bili zabrinuti. Sad im je On objasnio o nebeskim prebivalištima da ih utješi.

Po Ivanu 14:1-3 piše, *"Neka se ne plaši srce vaše! Vjerujte u Boga, i u mene vjerujte. U kući Oca mojega mnogi su stanovi. Kad ne bi bilo tako, bio bih vam rekao, jer idem da vam pripravim mjesto. I kad otidem i pripravim mjesto, opet ću doći i uzet ću vas k sebi, da i vi budete, gdje sam ja".* U stvari, On je prevladao smrt i uskrsnuo, i uzašao na Nebo ispred puno ljudi. To je bilo zato da bi mogao pripremiti nebeska prebivališta za nas. Što znači „Idem pripremiti mjesto za vas"?

1. Ivanova Poslanica 2:2 govori, *"...I on je pomirna žrtva za grijehe naše, i ne samo naše, nego i svega svijeta".* Kao što je rečeno, to znači da svatko može imati Nebo sa vjerom, jer je Isus srušio zid grijeha između Boga i nas.

Nadalje, Isus je rekao, „U kući Oca Moga mnoga su

prebivališta", i to nam govori da On želi da svatko primi spasenje. On nije rekao da postoje mnoga prebivališta na „Nebu" nego „U kući Oca Moga", jer mi možemo zvati Boga, „Abba, Oče" kroz rad prevrijedne krvi Isusove.

Gospod još uvijek zagovara za nas neprestano. On se iskreno moli pred Božjim tronom bez jela i pića (Po Mateju 26:29). On se moli da ćemo pobijediti u ljudskoj kultivaciji na ovoj zemlji i otkriti nam slavu Boga čineći naše duše uspješnima.

Nadalje, kada se Sud velikog Bijelog Trona dogodi nakon što ljudska kultivacija završi, On će i dalje raditi za nas. Presuda na sudu će donesena za ljudski sud bez najmanje greške za sve. Ali Gospod će biti odvjetnik za Božju djecu i moliti govoreći, „Oprao sam njihove grijehe Svojom krvi", tako da oni mogu primiti bolje mjesto prebivanja i nagrade na Nebu. Jer je On došao na zemlju i osjetio iz prve ruke sve kroz što čovjek prolazi, On će govoriti za čovjeka kao njihov odvjetnik. Kako možemo potpuno shvatiti Kristovu ljubav?

Bog nam je pokazao Svoju ljubav kroz Svog jedinog začetog Sina Isusa Krista. Ova ljubav je ljubav sa kojom Isus nije štedio ni posljednju kap Svoje krvi. To je bezuvjetna i nemijenjajuća ljubav sa kojom bi nam On oprostio sedamdeset puta sedam puta. Tko nas može odvojiti od te ljubavi?

U poslanici Rimljanima 8:38-39, apostol Pavao govori, *„Jer sam uvjeren, da ni smrt, ni život, ni anđeli, ni poglavarstva, ni sadašnjost, ni budućnost, ni sila, ni visina, ni dubina, ni drugo kakvo stvorenje ne može nas rastaviti od ljubavi Božje, koja je u Kristu Isusu, Gospodinu našemu".*

Apostol Pavao je shvatio ljubav Boga i ljubav Krista, i dao je svoj vlastiti život potpuno slušajući volju Boga i živio je kao apostol. Nadalje, on nije štedio svoj život u evangelizaciji nevjernika. On je širio ljubav Boga koji vodi nebrojene duše na put spasenja.

Iako je zvan „vođa sekte iz Nazareta", Pavao je posvetio svoj život kao propovjednik. On je proširio preko cijelog svijeta ljubav Boga i ljubav Gospoda dublje i šire izvan svake mjere. Ja se molim u ime Gospoda da ćeš postati pravo dijete Božje koje ispunjava Zakon sa ljubavi i zauvijek boraviti u najljepšem Nebeskom prebivalištu Novom Jeruzalemu, dijeleći Božju ljubav i Kristovu ljubav zajedno.

Autor:
Dr. Jaerock Lee

Dr. Jaerock Lee je rođen u Muan, Jeonnam provinciji Republici Koreji u 1943. U svojim dvadesetim godinama sedam je godina patio od niza neizlječivih bolesti te je čekao smrt bez ikakve nade u oporavak. Međutim, jednoga dana u proljeće 1974. godine njegova ga je sestra dovela u crkvu i kada je kleknuo da moli, živi Bog ga je trenutno iscijelio od svih bolesti.

Od tog trenutka, kada se susreo s živim Bogom kroz to predivno iskustvo, Dr. Lee je volio Boga svim svojim srcem te je 1978. godine pozvan da bude Božji sluga. Žarko je molio te proveo mnogo vremena u postu kako bi mogao jasno razumjeti Božju volju, u potpunosti je provesti i biti poslušan Riječi Božjoj. Godine 1982. Osnovao je Manmin Central Church u Seulu u kojoj su se od tada dogodila nebrojena čudesna ozdravljenja te druga čuda i znakovi.

Godine 1986. Dr. Lee je zaređen za pastora Annual Assembly of Jesus Church u Koreji, a četiri godine kasnije, njegove su propovijedi emitirane u Australiji, Rusiji i na Filipinima. Ubrzo je još mnogo zemalja dosegnuto putem Dalekoistočnu radiotelevizijsku kompaniju Azijsku radiotelevizijsku stanicu i Kršćanski radio sustav u Washingtonu.

Godine 1993., tri godine nakon prve prvog emitiranja, Manmin Central Church izabrana je među „50 najuspješnijih crkava na svijetu" prema odabiru časopisa *Christian World Magazin (Kršćanski svijet)* te je pastoru Leeju Christian Faith College s Floride u SAD-u dodijelio titulu počasnog doktora teologije. Godine 1996. na Kingsway Theological Seminary u Iowi u SAD-u Dr. Lee je primio doktorsku titulu iz područja kršćanskog služenja.

Od 1993. Dr. Lee je vodio evangelizacije u mnogim udaljenim mjestima kao što su: Tanzanija, Argentina, Los Angeles, Baltimore, Hawai, New York, Uganda, Japan, Pakistan, Kenija, Filipini, Honduras, Indija, Rusija, Njemačka, Peru, Demokratska Republika Kongo, Izrael i Estonija.

Poznate i visokotiražne novine u Koreji su ga 2002. prepoznale kao „svjetski priznatog propovjednika probuđenja" zbog njegove silne službe u mnogim zemljama. Posebno je istaknuta njegova evangelizacijska kampanja „New York Crusade 2006" održana u Madison Square Gardenu, jednoj od najpoznatijih svjetskih dvorana. Taj se događaj prenosio uživo u 220 zemalja. A u evangelizacijskoj kampanji „Israel United Crusade 2009" održanoj u Međunarodnom konferencijskom centru u Jeruzalemu hrabro je propovijedao Isusa kao Mesiju i Spasitelja.

Njegove se propovijedi emitiraju u 176 zemalja putem satelita, uključujući GCN TV te je 2009. i 2010. uvršten među deset najuspješnijih kršćanskih vođa prema izboru popularnog ruskog kršćanskog časopisa *In Victory (U pobjedi)* i novinske agencije *Christian Telegraph* zahvaljujući moćnom služenju kroz emitiranje propovijedi i pastoralnom služenju u dalekim zemljama.

Od Travanj 2018. Manmin Central Church broji više od 130 000 članova. Postoje 11 000 crkava kćeri diljem svijeta, uključujući 56 u Koreji. Više od 98 misionara poslano je u 26 zemlje uključujući Sjedinjenje Američke Države, Rusiju, Kanadu, Japan, Kinu, Francusku, Indiju, Keniju i mnoge druge.

Do datuma objavljivanja ove knjige Dr. Lee je napisao 111 knjiga, uključujući i bestselere *Kušanje Vječnog Života Prije Smrti, Moj Život, Moja Vjera I i II, Poruka Križa, Mjera Vjere, Raj I i II, Pakao* i *Božja Moć*. Njegova su djela prevedena na više od 76 jezika.

Njegove kršćanske kolumne pojavljuju se u novinama i časopisima: *The Hankook Ilbo, The Joongang Daily, The Chosun Ilbo, The Dong- A Ilbo, The Seul Shinmun, The Kyungyang Shinmun, The Korean Economic Daily, The Shisa News* i *The Christian Press*.

Dr. Lee je trenutno vođa mnogih misijskih organizacija i udruga. Njegove funkcije uključuju: predsjednik The United Holiness Church of Jesus Christ (Ujedninjene crkve svetosti Isusa Krista); doživotni predsjednik The World Christianity Revival Mission Association (Svjetsko misijsko udruženje za probuđenje unutar kršćanstva), osnivač i član odbora Global Christian Network – GCN (Globalne kršćanske mreže), osnivač i član odbora World Christian Doctors Network – WCDN (Svjetske mreže kršćanski liječnika) te osnivač i član odbora Manmin International Seminary – MIS, (Međunarodnog teološkog fakulteta Manmin).

Ostale moćne knjige istog autora

Raj I & II

Podrobna skica božanske životne okoline u kojoj uživaju stanovnici raja i prekrasan opis različitih razina nebeskog kraljevstva.

Poruka Križa

Moćna poruka razbuđivanja za sve ljude koji su u duhovnom snu! U ovoj ćete knjizi pronaći razlog zašto je Isus naš jedini Spasitelj i iskrenu Božju ljubav.

Pakao

Ozbiljna poruka cijelom čovječanstvu od Boga, koji ne želi da čak i jedna duša padne u dubine pakla! Otkrit ćete nikada prije objavljeni opis surove stvarnosti Hada i pakla.

Duh, Duša, i Tijelo I & II

Kroz duhovno razumijevanje duha, duše, i tijela, koje su komponente ljudi, čitatelji se mogu zagledati u sebe i dobiti uvid u sam život.

Mjera Vjere

Koja je vrsta boravišta, krune i nagrada pripravljena za tebe u raju? Ova ti knjiga donosi mudrost i vodstvo kako bi izmjerio svoju vjeru i kultivirao najbolju i najzreliju vjeru.

Probudi se, Izraele

Zašto je Bog uperio pogled u Izrael od početka svijeta do današnjega dana? Koja je vrsta Njegove providnosti pripravljena za Izrael posljednjih dana, koji iščekuje Mesiju?

Moj Život, Moja Vjera I & II

Najmirisnija duhovna aroma izvučena kao ekstrakt iz života koji je procvjetao neusporedivom ljubavlju za Boga usred tamnih valova, hladnoga jarma i najdubljeg očaja.

Božja Moć

Obvezno štivo koje služi kao neophodni vodič putem kojega se može zadobiti iskrena vjera i doživjeti čudesna Božja moć.

www.urimbooks.com

www.ingramcontent.com/pod-product-compliance
Lightning Source LLC
LaVergne TN
LVHW012018060526
838201LV00061B/4360